Tina Kresse, Susanne McCafferty, Katrin Teschner

Das Übungsheft Französisch 3

On apprend le français

nom : _____

classe : _____

Champion de français

Champion de français	page	date	☺ ☺ ☹
1	10		
2	20		
3	28		
4	38		
5	57		
6	64		

Mildenberger

Table des matières

Tu t'appelles comment ?

1

Je m'appelle Léo.
Je suis un garçon.

Je m'appelle Jeanne.
Je suis une fille.

Je m'appelle Victor.
Je suis un _garçon_.

Je m'appelle Noémie.
Je suis une _____.

Je _____ Karim.
Je _____
un _____.

Je _____ Kenza.
Je _____
une _____.

_____ Julien.
_____
_____.

_____ Zoë.
_____
_____.

2

Je m'appelle _____.

Je suis _____ _____.

nom, sexe
dialogue : « Je m'appelle … . Je suis un/une … »

1

Bonjour.
Comment ça va ?

Bonjour Madame.

Bonjour. Tu t'appelles comment ?

Je m'appelle Jeanne.

Salut. Je m'appelle Leó, et toi ?

Salut ! Je suis Louis.

Comment ça va, Louis ?

Ça va bien, merci. Et toi, Léo ?

Ça va comme ci, comme ça.

Et toi, Jeanne, comment ça va ?

Ça va mal. Et vous ?

Tu as quel âge, Jeanne ?

J'ai neuf ans. Et toi ?

J'ai huit ans.

Au revoir Léo. Au revoir Louis.

Pardon ?

Au revoir !

Salut Jeanne, à bientôt !

2

C'est une ___fille___ . Elle s'appelle _____ .

C'est _____ _____ . Il s'appelle _____ .

C'est ___Jeanne___ . Elle a _____ ans .

C'est _____ . Il a _____ ans .

nom, âge
dialogue : « Bonjour. Comment ça va ? … Au revoir. »

cinq 5

C'est quel nombre ?

dix
neuf
huit
sept
7
six
cinq
quatre
trois
deux
1 un

un
1 2 3 4 5
6 7 8 9 10

nombres 1 à 10
dictée en ping-pong : les nombres

1

_____cinq_____

_____

_____

_____

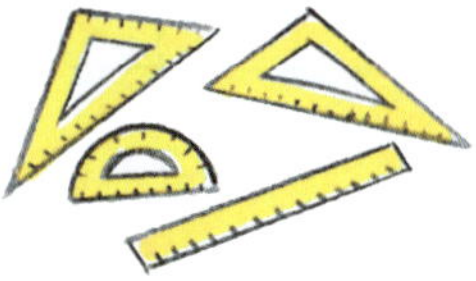

_____

_____

_____

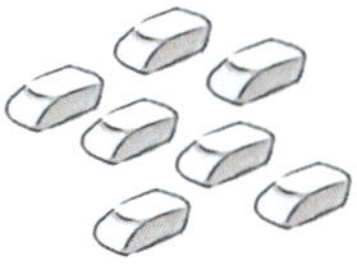

_____

_____

_____

2

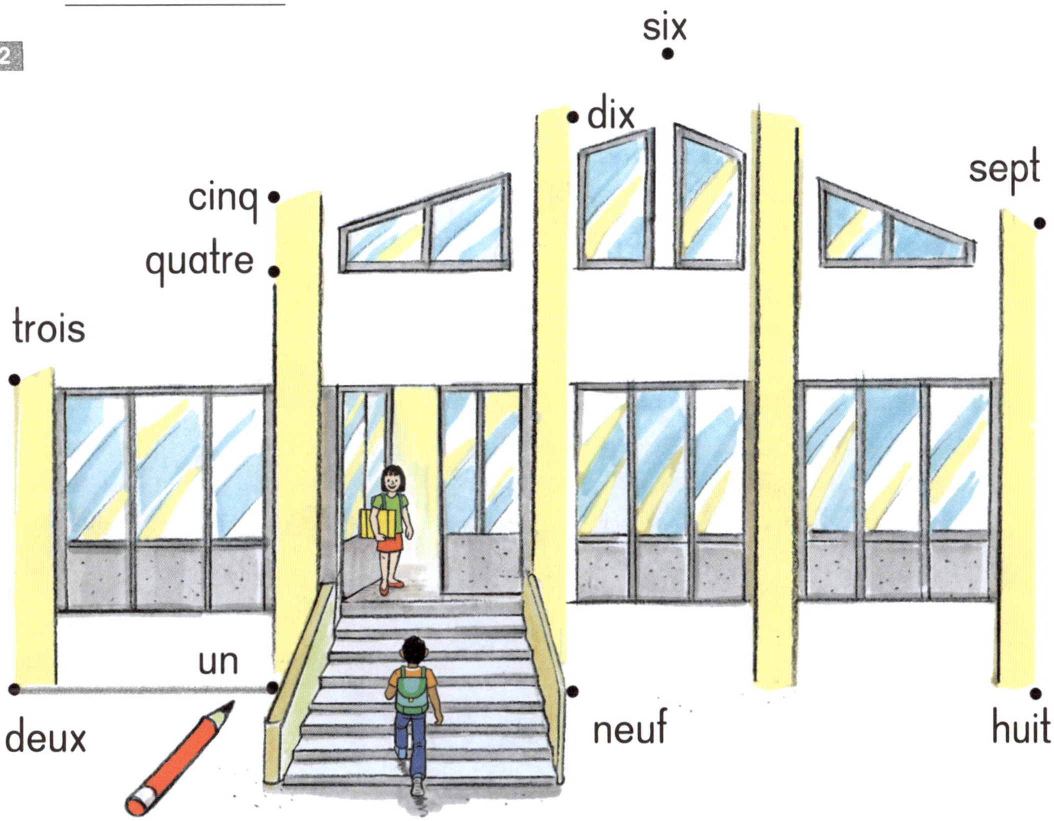

six

dix

cinq

sept

quatre

trois

un

deux

neuf

huit

nombres 1 à 10
travail à deux : compter sur ses doigts de 1 à 10 : « C'est combien ? »

Tu sais compter ?

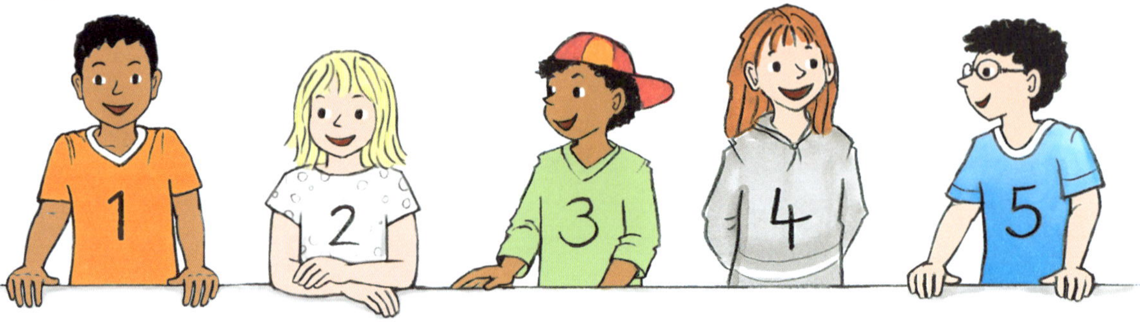

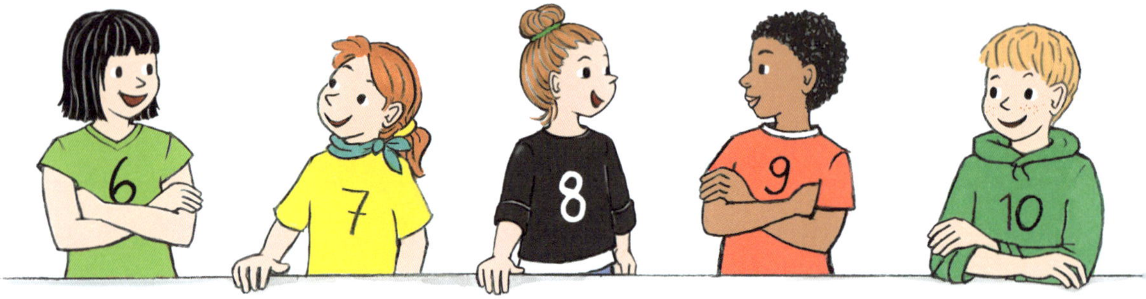

un

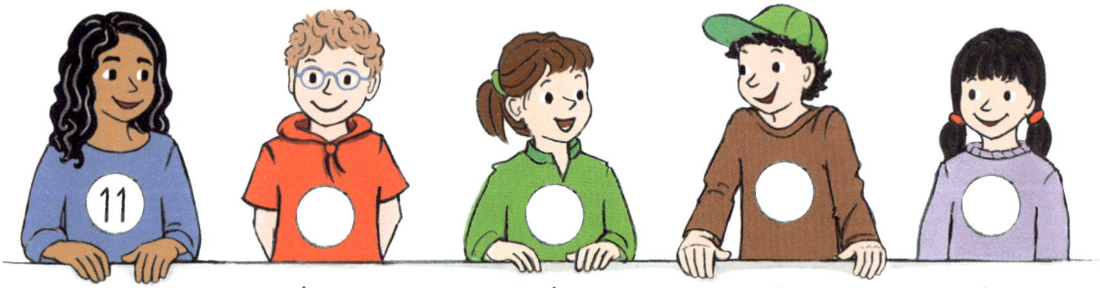

onze   douze   treize   quatorze   quinze

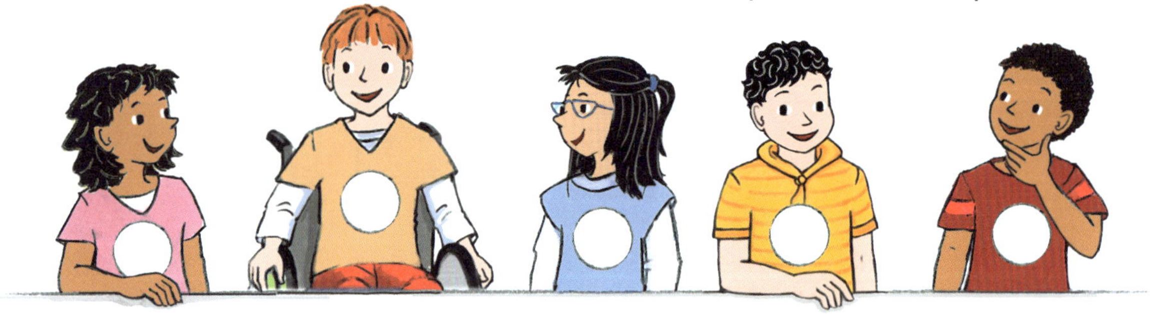

seize   dix-sept   dix-huit   dix-neuf   vingt

1

6 _ _ _ _ J

5 _ _ _ _ _ _ a

20 _ _ _ _ _ ë

1 _ _ K

9 _ _ _ _ i

10 _ _ _ _ e

3 _ _ _ _ _ _ n

8 _ _ _ _ _ _ l

15 _ _ _ _ _ _ _ t

2 _ _ _ _ _ e

4 _ _ _ _ _ _ z

16 _ _ _ _ _ o

14 _ _ _ _ _ _ c

19 _ _ _ _ – _ _ _ _ _ o

18 _ _ _ _ – _ _ Z

11 _ _ _ _ n

13 _ _ _ _ _ _ i

12 <u>d o u z e</u> V

17 _ _ _ _ _ – _ _ _ _ r

7 _ _ _ _ u

2

_ _   _ _ _ _   _ _ _ _ _   _ _ _ _ _ _   _ _ _ _   _ _ _   _ _ _ _   _ _ _ _   _ _ _ _   _ _ _   _ _ _ _

un   deux   trois   quatre   cinq   six   sept   huit   neuf   dix   onze

_ _ _ _ _   _ _ _ _ _ _   _ _ _ _ _ _ _ _   _ _ _ _ _ _   _ _ _ _ _   _ _ _ _ _ _ _   _ _ _ _ _ _ _   _ _ _ _ _ _ _ _   _ _ _ _ _

douze   treize   quatorze   quinze   seize   dix-sept   dix-huit   dix-neuf   vingt

1 → page 8.

2

Le numéro __un__ est __orange__.

Le numéro _____ est _____. Le numéro _____ est _____.

Le numéro _____ est _____. Le numéro _____ est _____.

Le numéro _____ est _____. Le numéro _____ est _____.

Le numéro _____ est _____. Le numéro _____ est _____.

Le numéro _____ est _____. Le numéro _____ est _____.

Tu trouves les couleurs ?

1

u	i	l	v	b	n	m	s	d	p	o	w	a	d	f	g	h
m	v	e	r	t	a	d	r	u	m	c	n	l	o	p	w	e
a	d	f	g	h	i	t	o	r	a	n	g	e	z	e	o	k
l	m	c	v	x	e	r	u	o	r	s	r	r	t	o	h	g
o	i	b	m	f	g	r	g	t	r	r	i	w	l	k	n	b
m	b	v	c	r	b	l	e	u	o	z	s	t	r	e	d	a
u	r	t	e	v	l	x	b	n	n	r	o	z	t	u	i	l
m	b	c	x	j	a	u	n	e	t	o	c	e	r	p	w	q
t	p	o	i	b	n	m	o	c	t	s	o	p	t	d	f	z
i	v	n	j	k	c	v	i	a	q	e	t	p	o	r	w	i
p	m	g	u	c	x	p	r	n	g	t	v	i	o	l	e	t
e	t	u	i	b	m	k	l	t	z	u	c	v	b	p	o	e
m	b	v	x	t	z	u	o	i	l	k	g	h	d	s	a	r

2

Quelle est ta couleur préférée ? Ma couleur préférée est le _____. 🟢

Quelle est ta couleur préférée ? Ma couleur préférée est le _____. 🟠

Quelle est ta couleur préférée ? Ma couleur préférée est le _____. 🔵

3

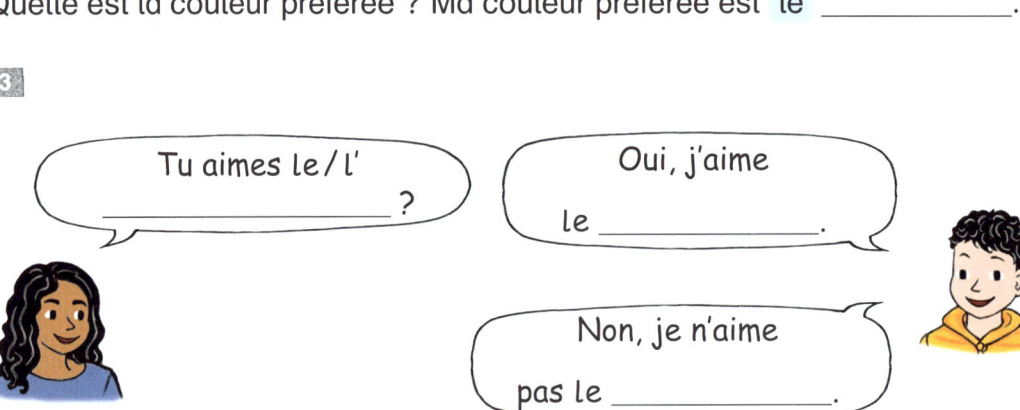

Tu aimes le / l' _____ ?

Oui, j'aime le _____.

Non, je n'aime pas le _____.

couleurs
travail à deux

2

Le t-shirt numéro trois est _____jaune_____.

Le t-shirt numéro dix est _____.

Le t-shirt numéro quatre est _____.

Le t-shirt numéro huit est _____.

Le t-shirt numéro deux est _____.

Le t-shirt numéro _____ est _____.

Le pantalon numéro _____ est _____.

Le pantalon _____ _____ est _____.

Le pantalon _____ _____ est _____.

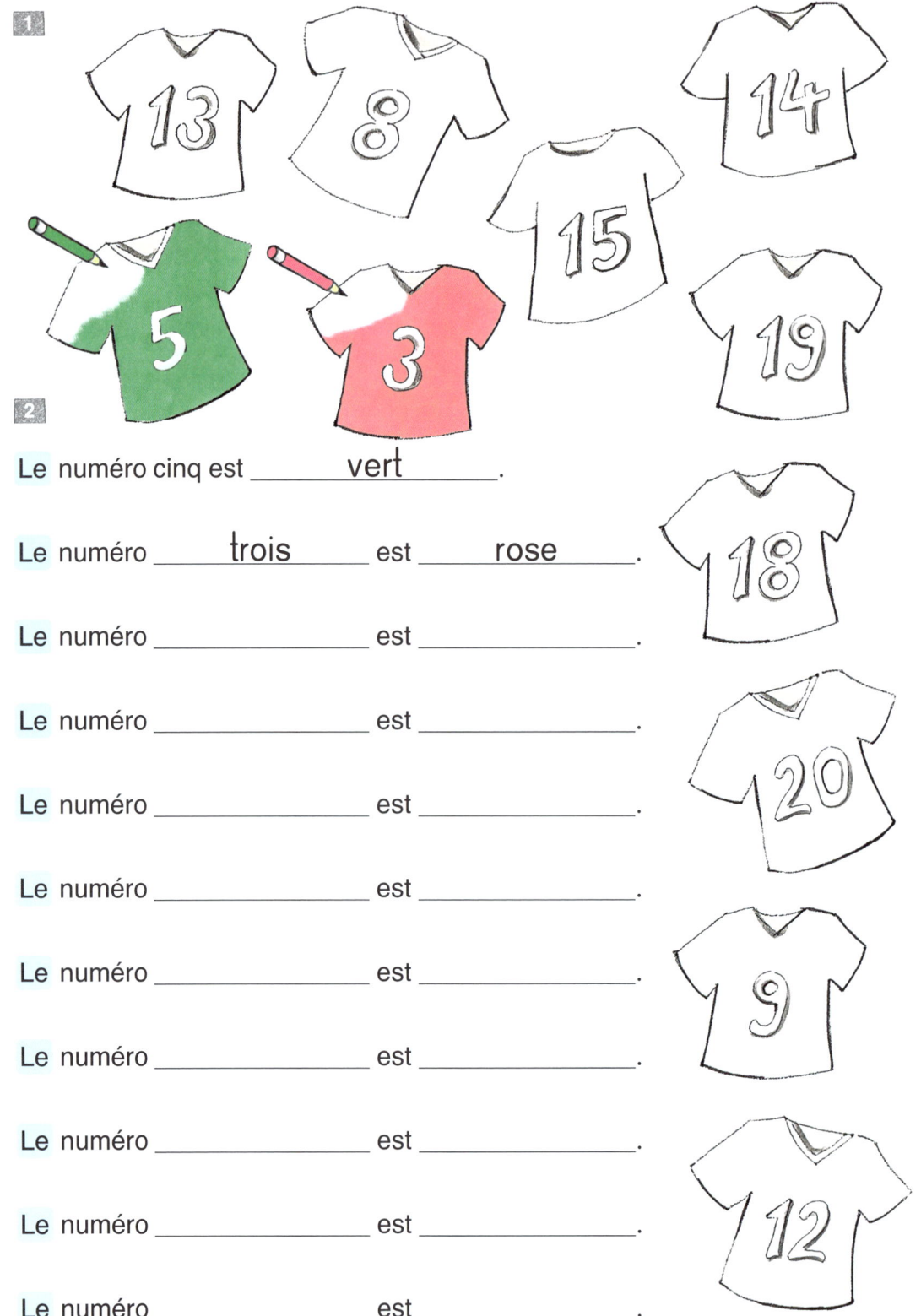

1

2

Le numéro cinq est _____ vert _____ .

Le numéro _____ trois _____ est _____ rose _____ .

Le numéro _____ est _____ .

Le numéro _____ est _____ .

Le numéro _____ est _____ .

Le numéro _____ est _____ .

Le numéro _____ est _____ .

Le numéro _____ est _____ .

Le numéro _____ est _____ .

Le numéro _____ est _____ .

Le numéro _____ est _____ .

nombres, couleurs
dictée en ping-pong

1 Dans mon cartable, il y a …

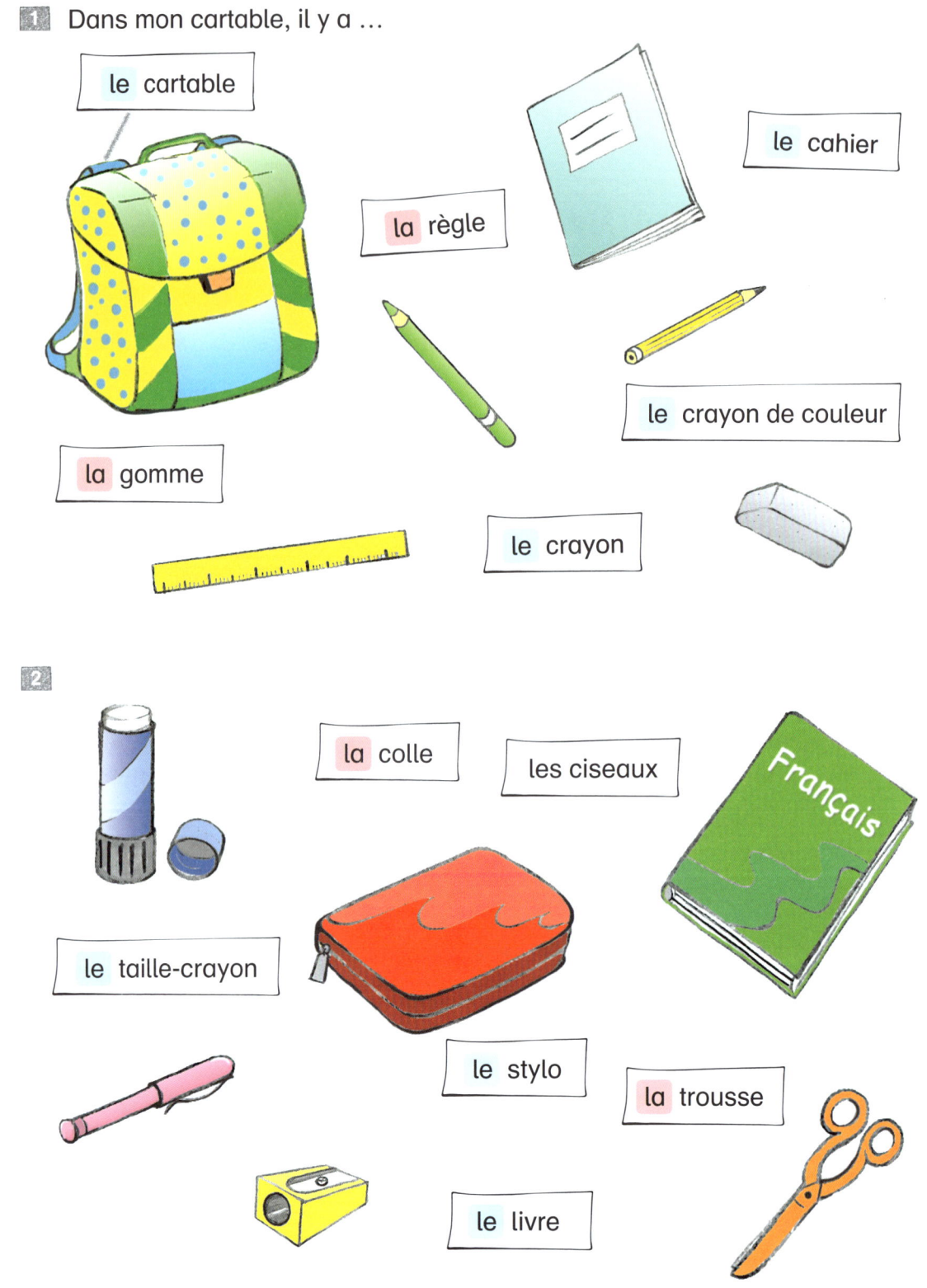

le cartable

le cahier

la règle

le crayon de couleur

la gomme

le crayon

2

la colle

les ciseaux

le taille-crayon

le stylo

la trousse

le livre

matériel de classe
travail à deux

1 ⟶ page 16.

1. __le__ _ _ _ y _ _14_ _ _ _ c _ _ _ _ _ _10_

3. _____ _ i v r e _1_

2. _____ _ _ h _ _ _ _ _9_

4. _____ _ _13_ m _ _ _

5. __les__ _ _ _5_ _ _ _11_ x

6. __la__ c _ _ _6_ _ _

7. _____ _ _ _ _ _ s _2_

8. _____ _ è _ _7_ _

9. _____ _ _ _ _3_ _ b _ _8_

10. _____ _ r _4_ _ _ _

11. _____ _ t _ _ _12_ _

2

| 1 | 2 | | 3 | 4 | 5 | 6 | 7 | 8 | – | 9 | 10 | 11 | 12 | 13 | 14 |

2

Colorie le **lavabo** ① en bleu.

Colorie le **tableau** ② en jaune.

Colorie l' **éponge** ③ en vert.

Colorie l' **ordinateur** ④ en gris.

Colorie le **placard** ⑤ en marron.

Colorie l' **étagère** ⑥ en rose.

Colorie la **fenêtre** ⑦ en noir.

Colorie la **porte** ⑧ en violet.

Colorie la **table** ⑨ en orange.

Colorie une **chaise** ⑩ en rouge.

objets de classe, couleurs
travail à deux

1

2

Le stylo est dans _le_ _lavabo_ .

Le crayon est sur _l'_ _____ .

La gomme est sur _la_ _____ .

La colle est devant _____ _____ .

Le livre est sur _l'_ _____ .

La trousse est sur _l'_ _____ .

Le taille-crayon est sur _____ _____ .

Le cahier est sur _____ _____ .

Le crayon de couleur est sur _____ _____ .

La règle est devant _____ _____ .

matériel de classe, objets de classe
travail à deux

1

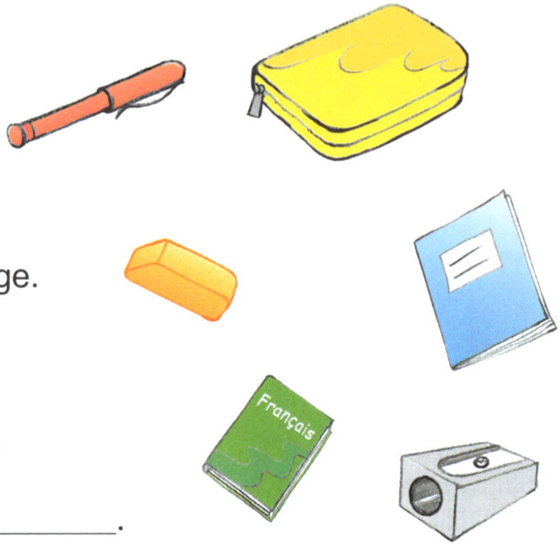

Le stylo est _____rouge_____.

La trousse est _____.

_____ _____ est orange.

_____ livre est _____.

_____ taille-crayon est _____.

_____ _____ _____ _____.

2

Le numéro _____ est bleu.

Le numéro _____ est _____.

Le numéro _____ est _____.

Le numéro _____ _____ vert.

Le _____ _____ _____ _____.

_____ _____ _____ _____ _____.

3

Donne-moi une _____,
s'il te plaît.

V_____.

M_____.

De _____.

l' éléphant	1	○	le lion
la tortue	○	○	l' hippopotame
le phoque	○	○	le tigre
le singe	○	○	l' ours
le serpent	○	○	la girafe
le zèbre	○	○	le crocodile

douze · trois · un · onze · cinq · dix · huit · deux · six · quatre · sept · neuf

animaux du zoo, nombres
dialogue : « Quel numéro va avec quel animal ? »

1

Grille de mots :

							h				
t		g	i	r	a	f	e				
	o			p							
z	è	b	r	e		p			s		s
	t	c	r	o	c	o	d	i	l	e
t	u			p			n		r
i	e	l	i	o	n		g	p
g			t			e	e
r	é	l	é	p	h	a	n	t	n
e				m				t
	p	h	o	q	u	e	o	u	r	s

2 ☑

_____ zèbre	☑	l' _____ hippopotame	☐	_____ serpent	☐
_____ crocodile	☐	_____ lion	☐	_____ tigre	☐
l' _____ éléphant	☐	_____ singe	☐	_____ tortue	☐
_____ girafe	☐	_____ phoque	☐	l' _____ ours	☐

1

2

L' éléphant est rose.

Le singe est _____.

L' ours est _____.

_____ _____ est _____.

_____ _____ est _____.

_____ _____ est _____.

_____ _____ _____ _____.

_____ _____ _____ _____.

_____ _____ _____ _____.

_____ _____ _____ _____.

Tu aimes quels animaux ?

1

un _____lion_____   deux _____lions_____

un _____   deux _____

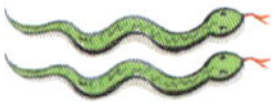

un _____   deux _____

un _____   deux _____

2

J'aime les _____crocodiles_____.

J'aime les _____.

Je n'aime pas les _____tortues_____.

Je n'aime pas les _____.

3 J'aime les _____

_____.

Je n'aime pas les _____

_____.

animaux du zoo, singulier / pluriel, J'aime / Je n'aime pas
dialogue

1

l' araignée

le hamster

la perruche

la tortue

le cochon d'Inde

la souris

le rat

le lapin

le chat

2

Le ___chien___ est noir et blanc.

Le _____ est rouge et bleu.

La _____ est jaune.

L' _____ est marron.

_____ est marron.

_____ est gris.

_____ est blanc.

_____ est noir.

_____ est orange.

_____ d'_____ est blanc et marron.

_____ et _____ sont grises.

le poisson

le chien

le perroquet

animaux domestiques, couleurs
dialogue : « Quel animal est noir ? »

1

2

Noémie a un ___hamster___ et un ___poisson___ .

Zoë a un _____ et un _____ .

Jeanne a _____ _____ .

Karim a un ___rat___ et une _____ .

Victor ____ un _____ et une _____ .

Léo ____ une _____ .

3

Non, je n'ai pas de _____ .

Tu as _____ ?

Oui, j'ai _____ .

animaux domestiques, il/elle a
travail a deux : « … a un/une … »

1

GRAND

Le ___chien___ est grand.

_____ _____ est _____.

_____ _____ _____.

petit

_____ _____ est petit.

_____ _____ est _____.

_____ _____ ____ _____.

2

un ___rat___   deux ___rats___

un _____   deux _____

un _____   deux _____

un _____   deux _____

un _____   deux _____

un _____   deux _____

une ___souris___   deux ___souris___

un ___ours___   deux ___ours___

3  _____ _____    _____ _____

1

Voilà trois chiens, deux _____

_____

_____

2

J'aime les _____,

les _____ et

les _____.

3

Le _____ est ___grand___.

L' _____ est _____.

L' _____ ____ _____.

_____ _____ est ___petit___.

_____ _____ est _____.

_____ _____ ____ _____.

animaux du zoo, animaux domestiques,
nombres, grand / petit

 l' __anorak__

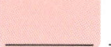 les _____

 _____

 _____

 les _____

 _____

1

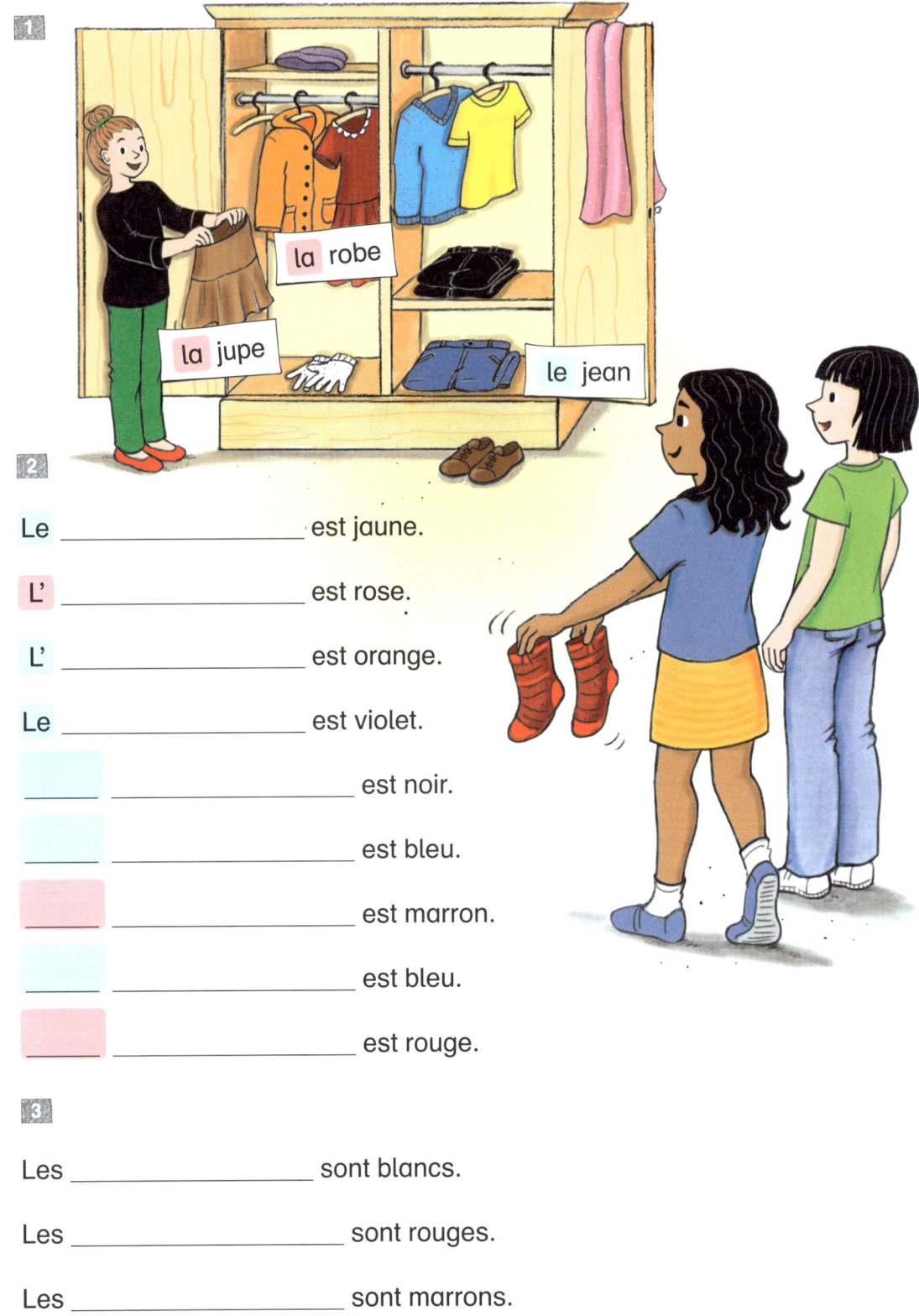

la robe

la jupe

le jean

2

Le _____ est jaune.

L' _____ est rose.

L' _____ est orange.

Le _____ est violet.

_____ _____ est noir.

_____ _____ est bleu.

_____ _____ est marron.

_____ _____ est bleu.

_____ _____ est rouge.

3

Les _____ sont blancs.

Les _____ sont rouges.

Les _____ sont marrons.

vêtements, couleurs
dialogue : « Qu'est-ce qu'il y a ? » « Il y a … »

1

le maillot de bain   les sandales   les bottes

la casquette   les lunettes de soleil   le short

2

Je mets

- un bonnet, une écharpe, un t-shirt, des chaussures et une jupe.

- une jupe, un t-shirt, des gants, des bottes et un bonnet.

- une jupe, des sandales, un pull, un bonnet et une robe.

Je mets

- un pull, une écharpe, une jupe, un bonnet et des sandales.

- un t-shirt, des gants, un pantalon, des chaussures et un anorak.

- un pull, des sandales, un short, des chaussettes et une écharpe.

Je mets

- un anorak, des sandales, un pull, un short et une casquette.

- un anorak, une casquette, des chaussures, des lunettes de soleil et un pantalon.

- des lunettes de soleil, un bonnet, un t-shirt, une jupe et une écharpe.

1

Viens, on part en vacances !

Ah oui ! Faisons nos valises !

2

Jeanne

1. un t - s h i r t

2. une é _ _ _ a _ _ e

3. des _ a _ _ a _ e _

4. des _ _ a u _ _ e _ _ e _

5. un _ a _ _ a _ o _

6. un _ e a _

7. une _ o _ e

8. un _ u _ _

9. une _ u _ e

10. un _ _ o _ _

vêtements
dialogue : « Quels vêtements sont dans la valise de Jeanne ? »

Jicki Vokabel-Dusche Französisch 3

Völlig entspannt Französisch lernen: Das geht!
Die Jicki Vokabel-Dusche Französisch 3 bietet
einen sehr schönen Weg.

Ein gemeinsames Projekt von Jicki und Mildenberger Verlag

Jicki ist spezialisiert auf das entspannte Erlernen
von Sprachen. Hierbei kommen die sogenannten
Sprachduschen zum Einsatz (www.jicki.de).
Bei diesen werden die Lernenden – begleitet
von Musik – mit Worten und Texten „berieselt".
Bei einem Treffen von Mildenberger und Jicki
entstand die Idee, dieses erfolgreiche Prinzip für
das Wortschatz-Training im Übungsheft Französisch anzuwenden.
- 9 Tracks – jeweils einer zu jeder Lektion.
- Spielzeit pro Track 6 bis 9 Minuten.
- Alle Vokabel-Duschen sind gleich aufgebaut.

Die Jicki Vokabel-Dusche Französisch 3 im Unterricht

Die Jicki Vokabel-Dusche Französisch 3 kann an
vielen Stellen im Unterricht und mit verschiede-
nen Zwecken eingesetzt werden:

- Beim gezielten Lernen des Vokabulars eines
  Kapitels
- Als Abwechslung im Unterricht
- Zur inneren Sammlung und Fokussierung
  der Klasse
- Als kleine Belohnung der Klasse

Die Jicki Vokabel-Dusche Französisch 3 zu Hause und unterwegs

Wenn sich zu Hause oder unterwegs ein Zeit-
fenster von ca. 10 Minuten bietet, kann die
Jicki Vokabel-Dusche Französisch 3 eingesetzt
werden.

- Einfach reinhören und der Stimme und der
  Musik lauschen.
- Die Augen schließen: Dann kann man sich die
  Wörter noch besser vorstellen.
- Wenn man alleine ist, kann man auch mit-
  sprechen oder in den Pausen nachsprechen.
- Es ist erstaunlich, wie leicht man sich alles
  merken kann.

Viel Erfolg beim Französisch lernen wünschen
Jicki und Mildenberger Verlag

Das Übungsheft Französisch 3 (1904-20)

Se présenter – Les nombres

un	1	huit	8	quinze	15	la fille	
deux	2	neuf	9	seize	16	elle	
trois	3	dix	10	dix-sept	17	le garçon	
quatre	4	onze	11	dix-huit	18	il	
cinq	5	douze	12	dix-neuf	19		
six	6	treize	13	vingt	20		
sept	7	quatorze	14				

Je m'appelle ...

Je suis un / une ...

Les couleurs

bleu	●	vert	●	rouge	●	marron	●
jaune	●	rose	●	gris	●	blanc	○
orange	●	violet	●	noir	●		

A l'école

le tableau

le livre

l' étagère

la chaise

le crayon de couleur

l' ordinateur

le placard

la table

la porte

le cahier

la colle

le stylo

le crayon

la trousse

le taille-crayon

la gomme

la règle

le cartable

les ciseaux

l' éponge

le lavabo

la fenêtre

s'il te plaît / s'il vous plaît

voilà

merci

de rien

Les animaux du zoo

l' ours, les ours

le crocodile

l' éléphant

la girafe

l' hippopotame

le lion

le singe

le phoque

le serpent

le tigre

la tortue

le zèbre

j'aime les …

je n'aime pas les …

Les animaux domestiques

la perruche

le chat

le chien

le poisson

le cochon d'Inde

le hamster

la souris, les souris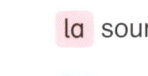

le perroquet

le lapin

le rat

l' araignée

la tortue

j'aime les …

je n'aime pas les …

grand

petit

Les vêtements

la casquette

la robe

l' anorak

le pull

l' écharpe

la jupe

le maillot de bain

le t-shirt

le bonnet

les gants

le jean

les sandales

les chaussures

le short

les chaussettes

les lunettes de soleil

le pantalon

les bottes

La météo

il y a des nuages

il fait froid

il fait chaud

l' arc-en-ciel

il pleut

il neige

le soleil brille

il y a du vent

Tu t'appelles comment ?

1

Je m'appelle Léo. Je suis un garçon.

Je m'appelle Jeanne. Je suis une fille.

Je m'appelle Victor. Je suis un garçon.

Je m'appelle Noémie. Je suis une fille.

Je m'appelle Karim. Je suis un garçon.

Je m'appelle Kenza. Je suis une fille.

Je m'appelle Julien. Je suis un garçon.

Je m'appelle Zoë. Je suis une fille.

2 *

Je m'appelle _____.

Je suis _____.

4 quatre   * individuelle Lösung

nom, sexe
dialogue : « Je m'appelle … . Je suis un/une … . »

Bonjour. Comment ça va ?

Bonjour. Comment ça va ?

1

Bonjour Madame.
Bonjour. Tu t'appelles comment ?
Je m'appelle Jeanne.

Salut. Je m'appelle Léo, et toi ?
Salut ! Je suis Louis.

Comment ça va, Louis ?
Ça va bien, merci. Et toi, Léo ?
Ça va comme ci, comme ça.

Et toi, Jeanne, comment ça va ?
Ça va mal. Et vous ?

Tu as quel âge, Jeanne ?
J'ai neuf ans. Et toi ?
J'ai huit ans.

Au revoir Léo. Au revoir Louis.
Pardon ?
Au revoir !

Salut Jeanne, à bientôt !

2

C'est une fille . Elle s'appelle Kenza .

C'est un garçon . Il s'appelle Julien .

C'est Jeanne . Elle a neuf ans.

C'est Léo . Il a huit ans.

nom, âge
dialogue : « Bonjour. Comment ça va ? … Au revoir. »

cinq 5

C'est quel nombre ?

1

dix
neuf
huit
sept
six
cinq
quatre
trois
deux
un

2

un
deux
trois
quatre
cinq
six
sept
huit
neuf
dix

6 six

nombres 1 à 10
dictée en ping-pong : les nombres

C'est combien ?

1

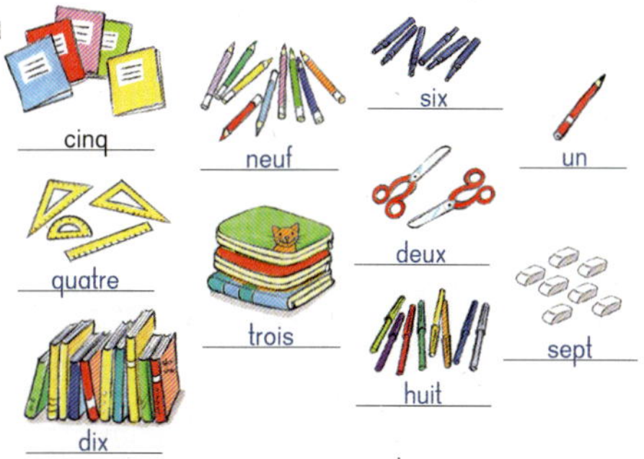

cinq
neuf
six
un
quatre
deux
trois
sept
huit
dix

2

six
dix
sept
cinq
quatre
trois
un
deux
neuf
huit

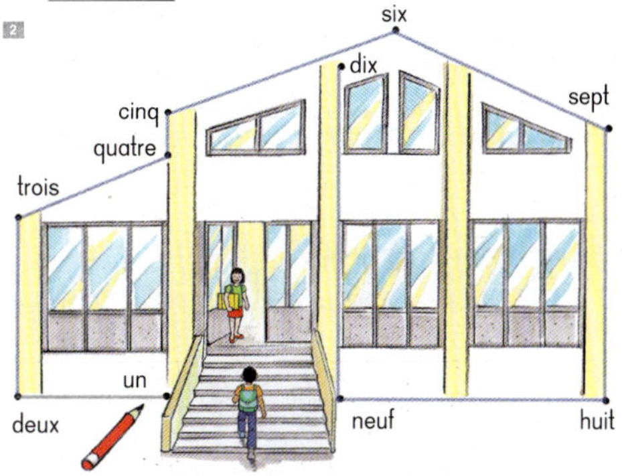

nombres 1 à 10
travail à deux : compter sur ses doigts de 1 à 10 : « C'est combien ? »

sept 7

Das Übungsheft Französisch 3 – Lösungen (Seite 8–11)

Tu sais compter ?

1

1	2	3	4	5
un	deux	trois	quatre	cinq
6	7	8	9	10
six	sept	huit	neuf	dix

2

11	12	13	14	15
onze	douze	treize	quatorze	quinze
16	17	18	19	20
seize	dix-sept	dix-huit	dix-neuf	vingt

nombres 1 à 20
travail à deux : nombres 1 à 20 avec cartes de nombres

Tu sais écrire les nombres ?

1

seize — 16
quatorze — 14
onze — 11
treize — 13
dix-huit — 18
vingt — 20
dix-sept — 17
dix-neuf — 19
quinze — 15
douze — 12

nombres 11 à 20
travail à deux : nombres et adjectifs numéraux 1 à 20 : « Trouvez les paires ! »

Champion de français 1

1

6 six J
5 cinq a
1 un K
20 vingt ë
9 neuf i
10 dix e
8 huit l
2 deux e
3 trois n
15 quinze t
4 quatre z
16 seize o
14 quatorze c
19 dix-neuf o
11 onze n
18 dix-huit z
13 treize i
12 douze v
17 dix-sept r
7 sept u

2

K e n z a   J u l i e n
un deux trois quatre cinq   six sept huit neuf dix onze

V i c t o r   Z o ë
douze treize quatorze quinze seize dix-sept   dix-huit dix-neuf vingt

nombres 1 à 20

C'est de quelle couleur ?

1 → page 8.

13 vert
2 blanc
16 rose
19 marron
1 orange
4 gris
5 bleu
12 rouge
8 noir
7 jaune
15 violet

Le numéro __un__ est __orange__.

Le numéro __deux__ est __blanc__. Le numéro __quatre__ est __gris__.

Le numéro __cinq__ est __bleu__. Le numéro __sept__ est __jaune__.

Le numéro __huit__ est __noir__. Le numéro __douze__ est __rouge__.

Le numéro __treize__ est __vert__. Le numéro __quinze__ est __violet__.

Le numéro __seize__ est __rose__. Le numéro __dix-neuf__ est __marron__.

couleurs, nombres
dictée en ping-pong

Tu trouves les couleurs ?

1

u	i	l	v	b	n	m	s	d	p	o	w	a	d	f	g	h
m	v	e	r	t	a	d	r	u	m	c	n	l	o	p	w	e
a	d	f	g	h	i	t	o	r	a	n	g	e	z	e	o	k
l	m	c	v	x	e	r	u	o	r	s	r	r	t	o	h	g
o	i	b	m	f	g	r	g	t	r	r	i	w	l	k	n	b
m	b	v	c	r	b	l	e	u	o	z	s	t	r	e	d	a
u	r	t	e	v	l	x	b	n	n	r	o	z	t	u	i	l
m	b	c	x	j	a	u	n	e	t	o	c	e	r	p	w	q
t	p	o	i	b	n	m	o	c	t	s	o	p	t	d	f	z
i	v	n	j	k	c	v	i	a	q	e	t	p	o	r	w	i
p	m	g	u	c	x	p	r	n	g	t	v	i	o	l	e	t
e	t	u	i	b	m	k	l	t	z	u	c	v	b	p	o	e
m	b	v	x	t	z	u	o	i	l	k	g	h	d	s	a	r

2

Quelle est ta couleur préférée ? Ma couleur préférée est le ___vert___ ●

Quelle est ta couleur préférée ? Ma couleur préférée est le ___rouge___ ●

Quelle est ta couleur préférée ? Ma couleur préférée est le ___bleu___ ●

3 *

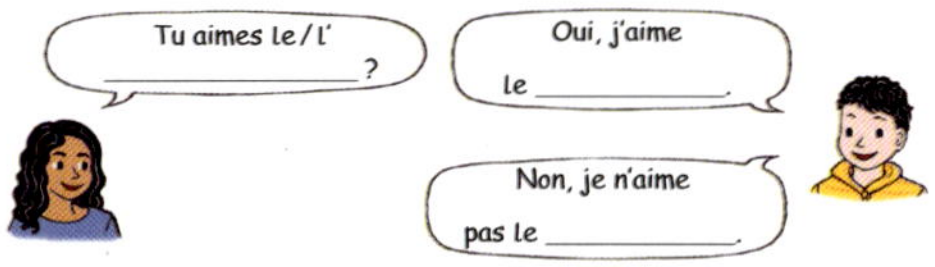

Tu aimes le / l' ___ ?	Oui, j'aime le ___.
	Non, je n'aime pas le ___.

De quelle couleur est le t-shirt ?

1

2

Le t-shirt numéro trois est ___jaune___.

Le t-shirt numéro dix est ___vert___.

Le t-shirt numéro quatre est ___gris___.

Le t-shirt numéro huit est ___noir___.

Le t-shirt numéro deux est ___blanc___.

Le t-shirt numéro ___quatorze___ est ___marron___.

Le pantalon numéro ___quinze___ est ___violet___.

Le pantalon ___numéro___ ___dix-huit___ est ___bleu___.

Le pantalon ___numéro___ ___vingt___ est ___rouge___.

De quelle couleur est le numéro … ?

1 *

2 *

Le numéro cinq est ___vert___.

Le numéro ___trois___ est ___rose___.

Le numéro ___treize___ est ___.

Le numéro ___huit___ est ___.

Le numéro ___quinze___ est ___.

Le numéro ___quatorze___ est ___.

Le numéro ___dix-neuf___ est ___.

Le numéro ___dix-huit___ est ___.

Le numéro ___vingt___ est ___.

Le numéro ___neuf___ est ___.

Le numéro ___douze___ est ___.

Tu peux me passer …, s'il te plaît ?

1

Sortez le cahier, un crayon, une gomme, une règle et un crayon de couleur, s'il vous plaît.

Donne-moi un crayon, s'il te plaît.
Voilà.
Merci.
De rien.

Donne-moi une règle, s'il te plaît.
Merci. Voilà.
De rien.

Donne-moi une gomme, s'il te plaît.
Merci. Voilà.
De rien.

Donne-moi un crayon de couleur, s'il te plaît.
Merci. Voilà.
De rien.

Tu peux me passer ton cahier, s'il te plaît ?
Voilà, Madame Blanc.
Merci.
De rien.

2

Donne-moi ___un___ ___crayon___, s'il te plaît.

Voilà ___.

Merci ___.

De ___rien___.

Das Übungsheft Französisch 3 – Lösungen (Seite 16–19)

Tu trouves le mot juste ?

Quel numéro est … ?

1 Dans mon cartable, il y a …

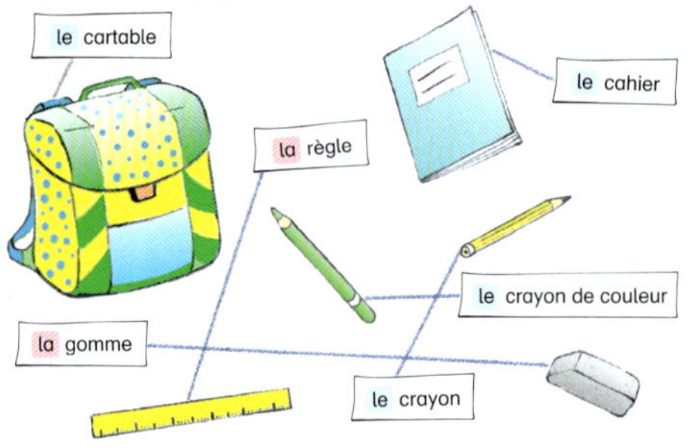

le cartable

le cahier

la règle

le crayon de couleur

la gomme

le crayon

2

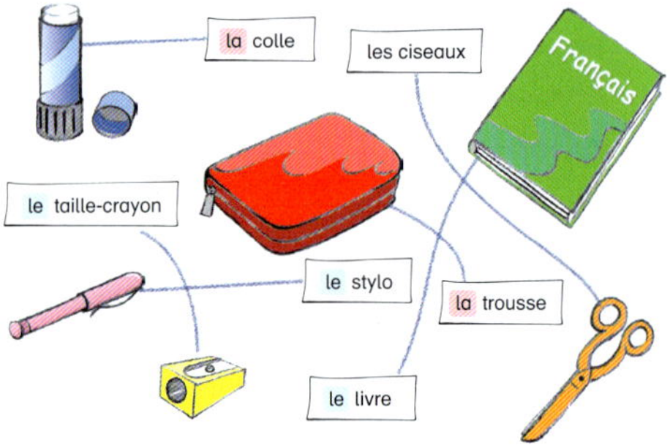

la colle

les ciseaux

Français

le taille-crayon

le stylo

la trousse

le livre

1 → page 16.

1. le c r a y o n de c o u l e u r
       14   10

3. le l i v r e
      1

2. le c a h i e r
      9

4. la g o m m e
      13

5. les c i s e a u x
       5   11

6. la c o l l e
      6

7. la t r o u s s e
      2

8. la r è g l e
      7

9. le c a r t a b l e
      3   8

10. le c r a y o n
       4

11. le s t y l o
       12

2

| l | e | | t | a | i | l | l | e | - | c | r | a | y | o | n |
| 1 | 2 | | 3 | 4 | 5 | 6 | ~~7~~ | 8 | | 9 | 10 | 11 | 12 | 13 | 14 |

16 seize

matériel de classe
travail à deux

matériel de classe
dictée en ping-pong : « Numéro 1 : le crayon de couleur »

dix-sept 17

C'est de quelle couleur ?

Où est … ?

1

⑦ ② ③ ① ⑤ ④ ⑥ ⑧

2

Colorie le **lavabo** ① en bleu.

Colorie le **tableau** ② en jaune.

Colorie l' **éponge** ③ en vert.

Colorie l' **ordinateur** ④ en gris.

Colorie le **placard** ⑤ en marron.

Colorie l' **étagère** ⑥ en rose.

Colorie la **fenêtre** ⑦ en noir.

Colorie la **porte** ⑧ en violet.

Colorie la **table** ⑨ en orange.

Colorie une **chaise** ⑩ en rouge.

1

2

Le stylo est dans le lavabo.

Le crayon est sur l' éponge.

La gomme est sur la chaise.

La colle est devant la fenêtre.

Le livre est sur l' étagère.

La trousse est sur l' ordinateur.

Le taille-crayon est sur la table.

Le cahier est sur le tableau.

Le crayon de couleur est sur le placard.

La règle est devant la porte.

18 dix-huit

objets de classe, couleurs
travail à deux

matériel de classe, objets de classe
travail à deux

dix-neuf 19

Champion de français 2

1

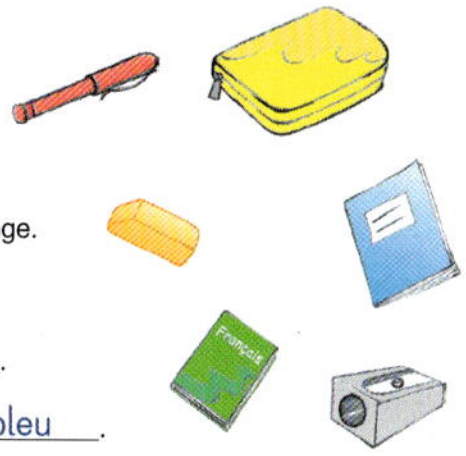

Le stylo est **rouge**.

La trousse est **jaune**.

La **gomme** est orange.

Le livre est **vert**.

Le taille-crayon est **gris**.

Le **cahier** **est** **bleu**.

2

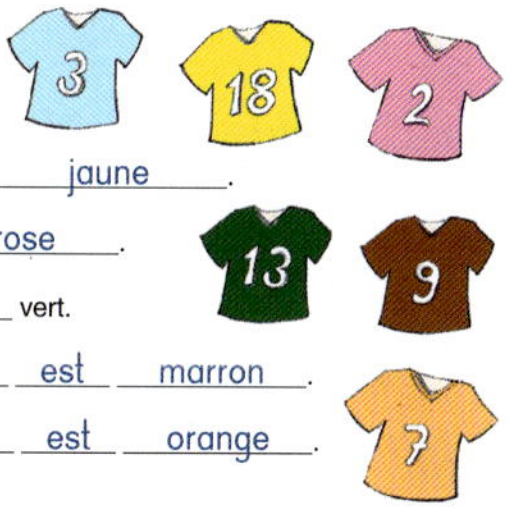

Le numéro **trois** est bleu.

Le numéro **dix-huit** est **jaune**.

Le numéro **deux** est **rose**.

Le numéro **treize** **est** vert.

Le **numéro** **neuf** **est** **marron**.

Le **numéro** **sept** **est** **orange**.

3

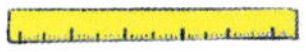

Donne-moi une **règle**, s'il te plaît.

Voilà.

Merci.

De **rien**.

Quel numéro va avec quel animal ?

1

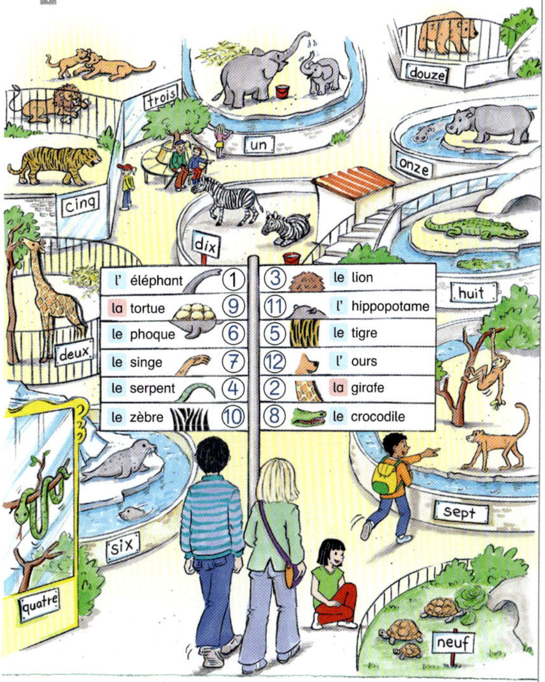

l' éléphant	①	③	le lion
la tortue	⑨	⑪	l' hippopotame
le phoque	⑥	⑤	le tigre
le singe	⑦	⑫	l' ours
le serpent	④	②	la girafe
le zèbre	⑩	⑧	le crocodile

Au zoo, il y a …

1

Word grid:

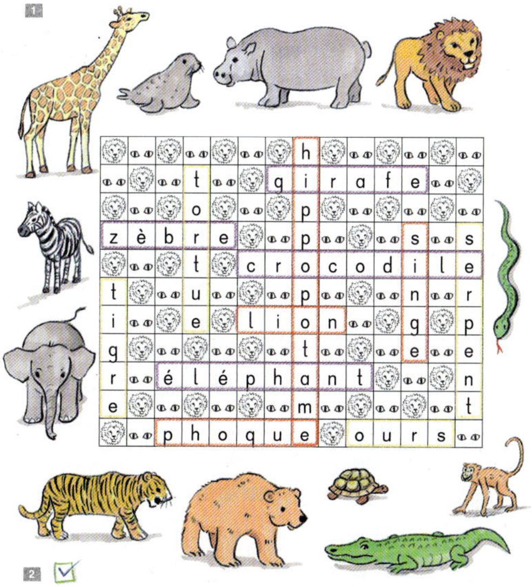

h
t girafe
o p
zèbre p s s
t crocodile r
u p n r
i e lion g p
g t e e
r éléphant t
e m t
phoque ours

2 ☑

le zèbre ✓	l' hippopotame ✓	le serpent ✓
le crocodile ✓	le lion ✓	le tigre ✓
l' éléphant ✓	le singe ✓	la tortue ✓
la girafe ✓	le phoque	l' ours

Tu vois quels animaux ?

1

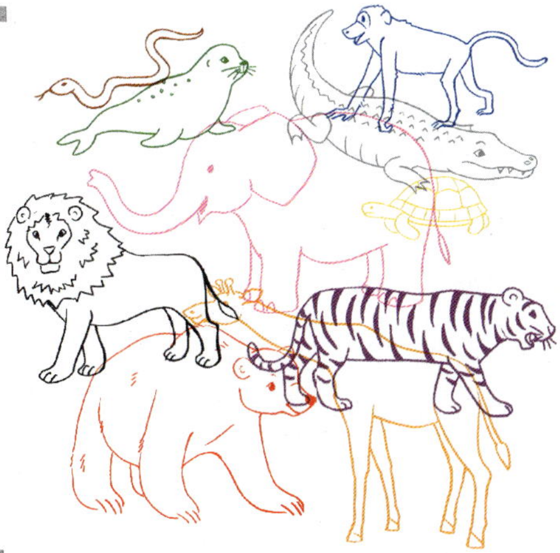

2

L' éléphant est rose.

Le singe est **bleu**.

L' ours est **rouge**.

Le **lion** **est** **noir**.

Le **serpent** **est** **marron**.

Le **crocodile** **est** **gris**.

Le **phoque** **est** **vert**.

Le **tigre** **est** **violet**.

La **tortue** **est** **jaune**.

La **girafe** **est** **orange**.

Das Übungsheft Französisch 3 – Lösungen (Seite 24 – 27)

Tu aimes quels animaux ?

1.
un __lion__ deux __lions__
un __serpent__ deux __serpents__
un __tigre__ deux __tigres__
un __singe__ deux __singes__

2. 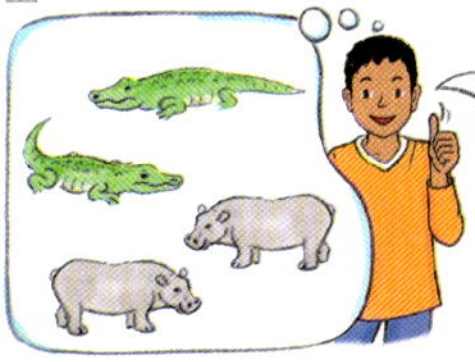
J'aime les __crocodiles__.
J'aime les __hippopotames__.

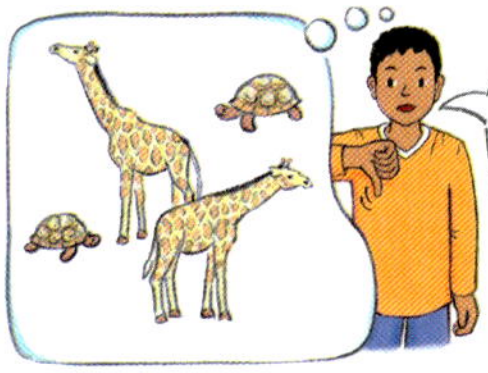

Je n'aime pas les __tortues__.
Je n'aime pas les __girafes__.

3. * J'aime les _____
_____.
Je n'aime pas les _____
_____.

Quel animal est noir ?

1.
l' araignée · le hamster · la perruche · la tortue · le cochon d'Inde · la souris · le rat · le chat · le lapin

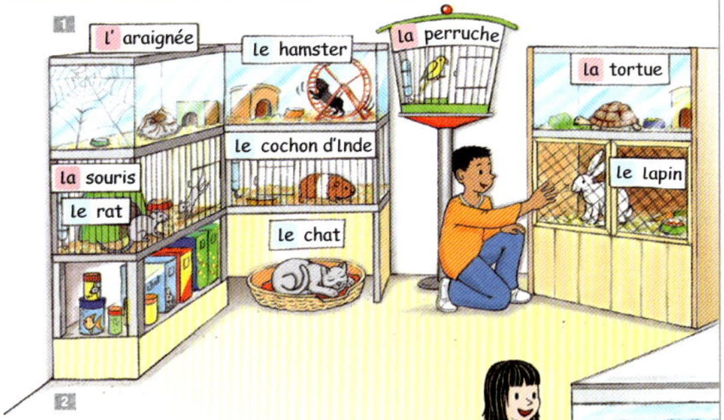

2.
Le __chien__ est noir et blanc. 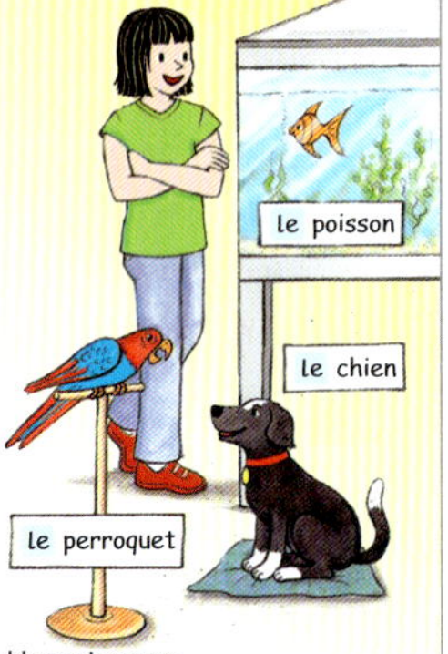
Le __perroquet__ est rouge et bleu.
La __perruche__ est jaune.
L' __araignée__ est marron.
La __tortue__ est marron.
Le __chat__ est gris.
Le __lapin__ est blanc.
Le __hamster__ est noir.
Le __poisson__ est orange.
Le __cochon__ d' __Inde__ est blanc et marron.
Le __rat__ et __la__ __souris__ sont grises.

le poisson · le chien · le perroquet

C'est quel animal ?

1.

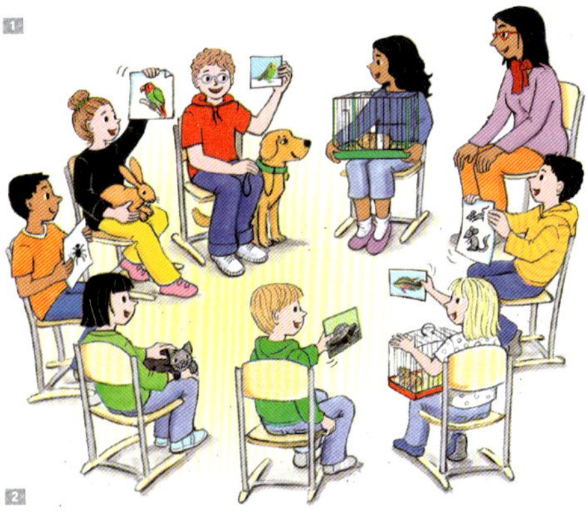

2.
Noémie a un __hamster__ et un __poisson__.
Zoë a un __lapin__ et un __perroquet__.
Jeanne a __un__ __chat__.
Karim a un __rat__ et une __souris__.
Victor _a_ un __chien__ et __une__ __perruche__.
Léo _a_ __une__ __araignée__.

3. *
Non, je n'ai pas de _____
Tu as _____ ?
Oui, j'ai _____

C'est grand ou petit ?

1. 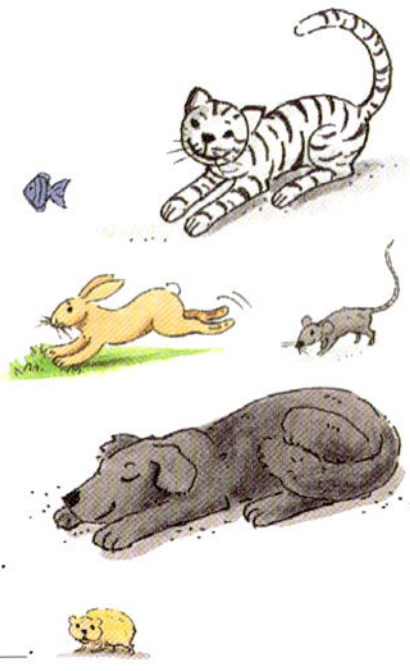
GRAND
Le __chien__ est grand.
Le __chat__ est __grand__.
Le __lapin__ est __grand__.
petit
Le __rat__ est petit.
Le __poisson__ est __petit__.
Le __hamster__ est __petit__.

2.
un __rat__ deux __rats__
un __perroquet__ deux __perroquets__
un __poisson__ deux __poissons__
un __chat__ deux __chats__
un __lapin__ deux __lapins__
un __chien__ deux __chiens__
une __souris__ deux __souris__
un __ours__ deux __ours__

3.
__trois__ __souris__ __trois__ __ours__

Champion de français 3

1

Voilà trois chiens, deux <u>crocodiles, neuf souris, trois perroquets,</u>
<u>quatre lions, cinq tigres, trois serpents, quatre ours</u>

2

J'aime les <u>lapins</u>,
les <u>poissons</u> et
les <u>perruches</u>.

3

Le <u>lion</u> est <u>grand</u>.
L' <u>éléphant</u> est <u>grand</u>.
L' <u>hippopotame</u> est <u>grand</u>.
Le <u>hamster</u> est <u>petit</u>.
Le <u>phoque</u> est <u>petit</u>.
Le <u>singe</u> est <u>petit</u>.

animaux du zoo, animaux domestiques,
nombres, grand/petit

Mets … enlève !

1

Viens, on va jouer dehors !

Mets le pantalon vert et le t-shirt jaune.
D'accord.

Mets les chaussettes rouges et le pull gris.
D'accord.

Mets l'anorak orange et l'écharpe rose.
D'accord, mais …

Mets le bonnet violet, les chaussures marrons et les gants blancs.
D'accord. Mais Jeanne, le soleil brille …

Bon, enlève …

2

l' <u>anorak</u>
les <u>chaussettes</u>
l' <u>écharpe</u>
le <u>pull</u>
les <u>chaussures</u>
le <u>bonnet</u>

vêtements
jeu de rôle

Qu'est-ce qu'il y a dans l'armoire ?

1

la robe
la jupe
le jean

2

Le <u>t-shirt</u> est jaune.
L' <u>écharpe</u> est rose.
L' <u>anorak</u> est orange.
Le <u>bonnet</u> est violet.
Le <u>pantalon</u> est noir.
Le <u>jean</u> est bleu.
La <u>jupe</u> est marron.
Le <u>pull</u> est bleu.
La <u>robe</u> est rouge.

3

Les <u>gants</u> sont blancs.
Les <u>chaussettes</u> sont rouges.
Les <u>chaussures</u> sont marrons.

vêtements, couleurs
dialogue : « Qu'est-ce qu'il y a ? » – « Il y a … »

Qu'est-ce que tu mets ?

1

le maillot de bain   les sandales   les bottes
la casquette   les lunettes de soleil   le short

2 ✓

Je mets

☐ un bonnet, une écharpe, un t-shirt, des chaussures et une jupe.
☑ une jupe, un t-shirt, des gants, des bottes et un bonnet.
☐ une jupe, des sandales, un pull, un bonnet et une robe.

Je mets

☐ un pull, une écharpe, une jupe, un bonnet et des sandales.
☐ un t-shirt, des gants, un pantalon, des chaussures et un anorak.
☑ un pull, des sandales, un short, des chaussettes et une écharpe.

Je mets

☐ un anorak, des sandales, un pull, un short et une casquette.
☑ un anorak, une casquette, des chaussures, des lunettes de soleil et un pantalon.
☐ des lunettes de soleil, un bonnet, un t-shirt, une jupe et une écharpe.

vêtements
travail à deux : « Qu'est-ce que tu mets ? » – « Je mets … »

Das Übungsheft Französisch 3 – Lösungen (Seite 32–35)

Bonnes vacances !

Viens, on part en vacances !

Ah oui ! Faisons nos valises !

Jeanne

1. un t-shirt
2. une écharpe
3. des sandales
4. des chaussettes
5. un pantalon
6. un jean
7. une robe
8. un pull
9. une jupe
10. un short

vêtements
dialogue : « Quels vêtements sont dans la valise de Jeanne ? »

Quels vêtements sont dans la valise de Léo ?

Léo

des chaussettes rouges

un pull bleu

un bonnet vert

un anorak noir

un pantalon orange

des gants violets

une écharpe jaune

deux t-shirts grises

vêtements, couleurs
dialogue : « Quels vêtements sont dans la valise de Léo ? »

Tu trouves les vêtements ?

Léo, mets le pull, le pantalon,
le bonnet, l' écharpe,
les gants et les chaussures !

Jeanne, enlève l' écharpe, le bonnet,
le pull, le pantalon,
les gants et les chaussures !

```
            j e a n
            u            b
            p            o
c h a u s s e t t e s     n
h       n         h       n
a       o         b o t t e s
u       r         r       t
s       a     g a n t s
s       k     l
u             e
r             s
r o b e s
            s
```

vêtements
travail à deux

Quel temps fait-il ?

Jeanne, quel temps fait-il ?

Il pleut.

Zoë, quel temps fait-il ?

Il neige.

Louis, quel temps fait-il ?

Il y a du vent.

Julien, quel temps fait-il ?

Le soleil brille.

Kenza, quel temps fait-il ?

Il y a des nuages.

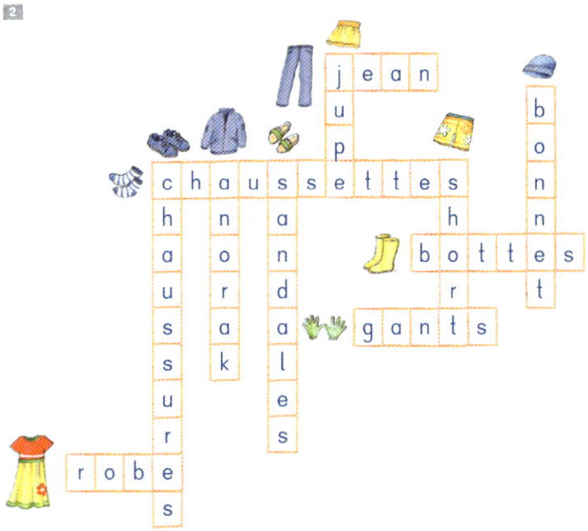

Léo, quel temps fait-il ?

Le soleil brille et il pleut – regarde! Un arc-en-ciel !

Il pleut.

Il y a des nuages.

Il neige.

un arc-en-ciel

Il y a du vent.

Le soleil brille.

météo
jeu de rôle

Quel temps fait-il ?

1

Il **p l e u t**.
8

Il **n e i g e**.
7

Le **s o l e i l** brille.
9 4

Il fait **c h a u d**.
3

Il fait **f r o i d**.
2

Il y a du **v e n t**.
5

Il y a des **n u a g e s**.
1

soleil	chaud	nuages	neige
froid	vent	pleut	

2

un | **a** | **r** | **c** | **–** | **e** | **n** | **–** | **c** | **i** | **e** | **l**
1 | 2 | 3 | | 4 | 5 | | 6 | 7 | 8 | 9

météo
travail à deux

Que porte … ?

1
Voilà Jeanne. Il ___neige___.
Elle porte __un__ ___anorak___, __un__ ___bonnet___,
__une__ ___écharpe___, __un__ ___pantalon___,
des ___gants___ et des ___bottes___.

2
Voilà Léo. Il fait ___chaud___.
Il porte __un__ ___short___.

3
Voilà Louis. Il ___pleut___.
Il porte __un__ ___anorak___, __un__ ___pantalon___
et des ___bottes___.

4
Voilà Kenza. Il __y__ __a__ __du__ ___vent___.
Elle porte __un__ ___anorak___,
__un__ ___pantalon___ et des ___chaussures___.

5
Voilà Zoë. __Le__ ___soleil___ ___brille___.
Elle porte __une__ ___casquette___,
__une__ ___robe___, des ___sandales___
et des ___lunettes___ __de__ ___soleil___.

météo, vêtements
dialogue : « Quel temps fait-il ? Que porte … ? »

Champion de français 4

1
u | e | i | a | l | p | a

2
② Il neige. **a**   ④ Il fait froid. **a**   ⑥ Il fait chaud. **l**   ① Il pleut. **p**
⑧ Le soleil brille. **i**   ⑦ Il y a du vent. **u**   ⑨ Il y a des nuages. **e**

le | **p** | **a** | **r** | **a** | **p** | **l** | **u** | **i** | **e**
1 | 2 | 3 | 4 | 5 | 6 | 7 | 8 | 9

3
Kenza porte __une__ ___casquette___, __une__ ___écharpe___,
__un__ ___anorak___, __un__ ___pantalon___ et des ___chaussures___.

Jeanne porte __un__ ___anorak___, __un__ ___pantalon___
et des ___bottes___.

Louis porte __un__ ___bonnet___, __une__ ___écharpe___,
__un__ ___anorak___, __un__ ___pantalon___,
des ___gants___ et des ___bottes___.

Noémie porte __un__ ___t-shirt___, __une__ ___jupe___
et des ___sandales___.

météo, vêtements

Tu veux … ?

1
C'est Cléo, mon chat. Aujourd'hui, nous sommes à la ferme.

Bonjour le mouton. J'ai faim.
Tu veux de l'herbe ?
Non, je n'aime pas l'herbe.

Bonjour l'âne. J'ai faim.
Tu veux de l'herbe ?
Non, je n'aime pas l'herbe.

Bonjour la vache. J'ai faim.
Non, je n'aime pas l'herbe.

Bonjour le cheval. J'ai faim.
Tu veux de l'herbe ?
Non, je n'aime pas l'herbe.

Tu veux de l'herbe ?

Bonjour la chèvre. J'ai faim.
Tu veux de l'herbe ?
Non, je n'aime pas l'herbe.

Bonjour le chien. Bonjour le cochon.
Tu veux de la viande ?
Mmm, c'est bon !

2
la **c h è v r e**   le **c h a t**
le **m o u t o n**   la **v a c h e**
le **c o c h o n**   l' **â n e**

animaux de la ferme
jeu de rôle
trente-neuf 39

Das Übungsheft Französisch 3 – Lösungen (Seite 40–43)

1

un __mouton__   deux __moutons__

un __coq__   deux __coqs__

un __cochon__   deux __cochons__

⚠ un __cheval__   deux __chevaux__

2

la poule   l' oie

Il y a __deux__ coqs, __cinq__ poules et __neuf__ oies.

3

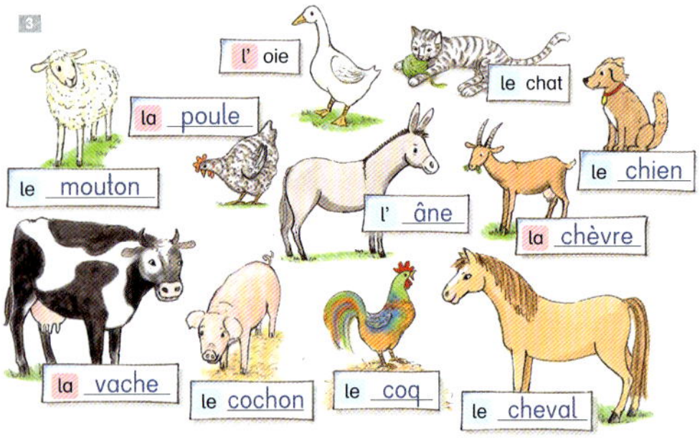

l' oie   le chat

la poule

le __mouton__   le __chien__

l' âne   la __chèvre__

la __vache__   le cochon   le __coq__   le __cheval__

40 quarante

animaux de la ferme, singulier/pluriel
dialogue : « A la ferme, il y a … »

1

L' âne est gris.

Les cochons sont roses.

Le chat est blanc, gris et noir.

Les moutons sont blancs et noirs.

La vache est blanche et noire.

La chèvre est marron.

Les poules sont blanches et noires.

Le coq est rouge, marron et jaune.

Le cheval est marron.

Les oies sont blanches.

Le chien est blanc, marron et noir.

2

animaux de la ferme, couleurs
travail à deux

quarante et un 41

1

miaou ! miaou !   cocorico !

wouf ! wouf !   bê ! bê !

hiii ! hiii !   cot ! cot !

hi-han !   groin ! groin !

meuh ! meuh !   coin ! coin !

2

Le __chat__ fait __« miaou ! miaou ! »__.

Le chien fait __« wouf ! wouf ! »__.

La vache fait __« meuh ! meuh ! »__.

Le coq fait __« cocorico ! cocorico ! »__.

L' __âne__ fait __« hi-han ! hi-han ! »__.*

La __poule__ fait __« cot ! cot ! »__.*

42 quarante-deux   * mehrere Lösungen sind möglich

animaux de la ferme
dialogue : « Comment fait le chat ? »

1

Mon animal préféré est grand.
Il fait « hiii ! ».

Mon animal préféré est grand
aussi. Il donne du lait. Il est
blanc, marron ou noir.

Mon animal préféré a
de grandes oreilles.
Il est gris et il fait
« hi-han ! ».

Mon animal préféré fait
« groin ! ». Il est rose.

Mon animal préféré est
rouge, marron, vert
et jaune et il
fait « cocorico ! ».

Mon animal
préféré est blanc,
marron ou noir et il
fait « bê ! ».

2

L' animal préféré de Jeanne est le __cheval__.

L' animal préféré de Léo est __la__ __vache__.

L' animal __préféré__ de Kenza est __l'__ __âne__.

L' animal __préféré__ de Karim est __le__ __cochon__.

L' __animal__ __préféré__ de Zoë est __le__ __coq__.

L' __animal__ __préféré__ de Julien __est__ __le__ __mouton__.

3 *

Mon animal préféré est _____. Il/Elle fait _____.

animaux de la ferme, animal préféré
travail à deux : « Quel est ton animal préféré ? »

* individuelle Lösung   quarante-trois 43

On bouge !

1

tête

épaules

genoux

6

1

10

yeux

oreilles

pieds

12

8

bouche

nez

tête, épaules, genoux et pieds

2

19

2

tête ①, _épaules_ ⑩, _genoux_ ⑥

et _pieds_ ⑪, _genoux_ ⑥ et _pieds_ ⑪, j'ai deux _yeux_ ⑫,

deux _oreilles_ ⑧, une _bouche_ ② et un _nez_ ⑲,

tête ①, _épaules_ ⑩, _genoux_ ⑥

et _pieds_ ⑪, _genoux_ ⑥ et _pieds_ ⑪.

parties du corps
en classe : chanson

Qu'est-ce que c'est ?

1

la tête

l' épaule   le bras

la main   le ventre

la jambe   le genou

le pied   la bouche

l' oreille   les cheveux

l' œil

le nez

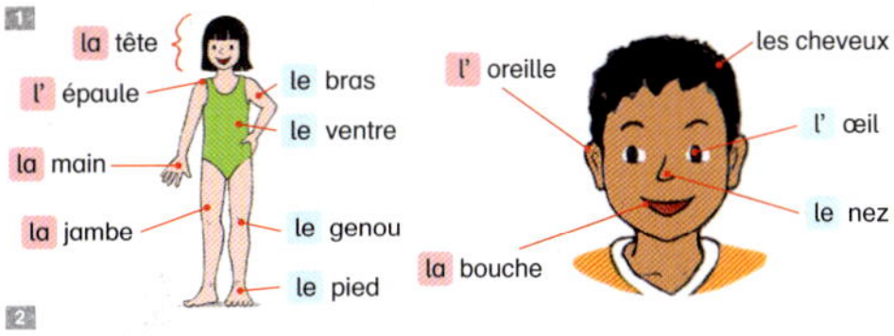

2

C'est la tête.   Jeanne a une _t ê t e_.

C'est le ventre.   Elle a un _v e n t r e_.

C'est le pied.   Elle a _deux p i e d s_.

C'est la main.   Elle a _deux m a i n s_.

C'est l' épaule.   Elle a _deux é p a u l e s_.

C'est la jambe.   Léo a _deux j a m b e s_.

C'est le bras.   Il a _deux b r a s_.

C'est le nez.   Il a _un n e z_.

C'est la bouche.   Il a _une b o u c h e_.

C'est l' oreille.   Il a _deux o r e i l l e s_.

C'est le genou.   Jeanne a _deux_ genoux. ⚠

C'est l' oeil.   Jeanne a _deux_ yeux. ⚠

Jeanne a beaucoup de cheveux. ⚠

3

Tu as mal où ?   J'ai mal à la _tête_.

Tu as mal où ?   J'ai mal au _pied_.

parties du corps, nombres, singulier/pluriel
travail à deux : « Qu'est-ce que c'est ? »

De quelle couleur est … ?

1

deux

huit

dix   quatre

six   neuf   cinq

un

trois   sept

2

① Le savon est _violet_.   ⑥ Le dentifrice est _bleu_.

② Le miroir est _vert_.   ⑦ La baignoire est _rose_.

③ La serviette est _rouge_.   ⑧ Le peigne est _noir_.

④ La brosse à cheveux est _marron_.   ⑨ Le shampoing est _vert_.

⑤ La douche est _orange_.   ⑩ La brosse à dents est _marron_.

salle de bain, nombres, couleurs
dictée en ping-pong

Que fait … ?

1

Jeanne se lave les mains avec du
_s a v o n_.

Léo se lave le corps sous la
_d o u c h e_.

Noémie se brosse les dents avec une
_b r o s s e   à   d e n t s_ et avec du
_d e n t i f r i c e_.

Kenza se brosse les cheveux avec une
_b r o s s e   à   c h e v e u x_.

Victor se lave les cheveux avec du
_s h a m p o i n g_.

Karim se lave les jambes dans la
_b a i g n o i r e_.

Louis se regarde dans le
_m i r o i r_.

Julien se peigne les cheveux avec un
_p e i g n e_.

Zoë s'essuie le visage avec une
_s e r v i e t t e_.

salle de bain
dialogue : « Que fait Jeanne ? »

Das Übungsheft Französisch 3 – Lösungen (Seite 48–51)

Vous désirez ?

1

Bonjour Monsieur. Je voudrais une orange et un ananas, s'il vous plaît.

Bonjour ! Vous désirez ?

Et moi, un melon et trois pommes.

Deux bananes et trois pêches.

Et avec ça ?

Et une poire et un kilo de cerises, s'il vous plaît.

C'est tout ?

Oui. Ça fait combien ?

A la maison, on fait une salade de fruits !

Ça fait 12 euros.

Oui. J'ai faim !

Oh non !

Le jus de fruits, c'est bon aussi !

Bon appétit !

2
- une o r a n g e
- un a n a n a s
- une p ê c h e
- un m e l o n
- une c e r i s e
- une p o i r e
- une p o m m e
- une b a n a n e

fruits
jeu de rôle

C'est quel fruit ?

1
rond ⟷ long   sucré   juteux   poilu

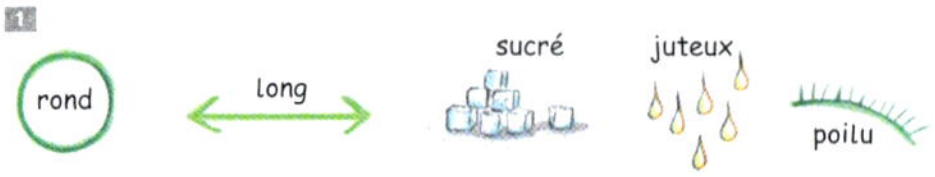

2

① C'est grand et rond. C'est juteux et vert.
C'est __le__ __melon__.

② C'est petit et rouge.
C'est __la__ __cerise__.

③ C'est rouge et jaune et poilu.
C'est __la'__ __pêche__.

④ C'est long et jaune et sucré.
C'est __la__ __banane__.

⑤ C'est rond. C'est vert, jaune et rouge.
C'est __la__ __pomme__.

une pêche [u]
une pomme [t]
un melon [f]
une cerise [r]
une banane [i]

les | f | r | u | i | t | s |
    | 1 | 2 | 3 | 4 | 5 | 6 |

3
rond: une **pomme**, un __melon__, une __pêche__, une __cerise__

long: une __banane__   sucré: une __banane__, une __pêche__

juteux: un __melon__, une __orange__, un __ananas__, une __poire__, une __pomme__

poilu: une __pêche__

fruits
dialogue : « C'est quel fruit ? »

Il y a combien ?

1

Voilà les fruits !

trois bananes
un ananas
un melon
deux pêches
quatre poires
cinq pommes
sept cerises
une orange

fruits
dictée en ping-pong : « Il y a … »

C'est quel légume ?

1
- le brocoli
- la salade verte
- l' aubergine
- le poireau
- le concombre
- les petits pois
- l' oignon
- le radis
- la pomme de terre
- la carotte
- la tomate
- le haricot
- la salade
- la soupe

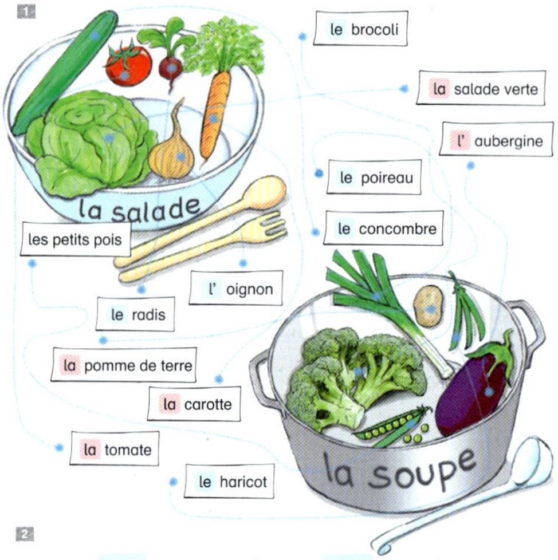

2

la salade: __le__ __concombre__, __le__ __radis__, __la__ __carotte__, __la__ __salade__ __verte__, __la__ __tomate__, l' __oignon__

la soupe: __le__ __brocoli__, __le__ __poireau__, l' __aubergine__, __la__ __pomme__ de __terre__, __le__ __haricot__, les __petits__ __pois__

légumes
travail à deux

Qu'est-ce que tu aimes ?

1.

un __haricot__   deux __haricots__

un __oignon__   deux __oignons__

un __concombre__   deux __concombres__

⚠ un __radis__   deux __radis__

2.

Jeanne aime les __tomates__ et les __concombres__.

Elle n'aime pas les __haricots__ et les __petits__ __pois__.

Léo aime les __carottes__ et les __aubergines__.

Il n'aime pas les __radis__ et les __oignons__.

3. *

J'aime les _____.

Je n'aime pas les _____.

52 cinquante-deux   * individuelle Lösung   légumes, singulier/pluriel, aime/n'aime pas

Qu'est-ce qu'on mange ?

1.

le beurre   le miel   le lait

le croissant   les céréales

la confiture   le sucre   la baguette

2.

le l a i t (6)

le m i e l (1)

le b e u r r e (2)(11)

la b a g u e t t e (7)

les c é r é a l e s (9)(4)

la c o n f i t u r e (5)(14)

le s u c r e (12)

le c r o i s s a n t (15)(13)

l	e		p	e	t	i	t		d	é	j	e	u	n	e	r
1	2		3	4	5	6	~~7~~		8	9	10	11	12	13	14	15

petit déjeuner
travail à deux

cinquante-trois 53

Qu'est-ce qu'il/elle aime ?

1.

Bon appétit !

2.

Jeanne aime la __baguette__, le __beurre__ et le __miel__.

Paul aime les __céréales__, le __lait__ et le __sucre__.

Louis aime le __croissant__ et la __confiture__.

3. *

Est-ce que tu peux me donner _____, s'il te plaît !

54 cinquante-quatre   * individuelle Lösung   petit déjeuner
dialogue : « Quel petit déjeuner aime Jeanne ? »

Qu'est-ce qu'il/elle aime ?

1.

le thé   le café

la grenadine   le chocolat chaud   la limonade

l' eau minérale   le lait   le jus d'orange

2.

Jeanne aime le __thé__.   L' homme aime la __grenadine__.

Louis aime la __limonade__.   Zoë __aime__ le __jus d'orange__.

Karim __aime__ le __lait__.   La femme aime le __café__.

Léo aime l' __eau__   Noémie aime le __chocolat__

__minérale__.   __chaud__.

3. *

J'ai soif. J'aime _____.

boissons
dialogue : « Quelle boisson aime Jeanne ? »   * individuelle Lösung   cinquante-cinq 55

Das Übungsheft Französisch 3 – Lösungen (Seite 56–59)

1

| le croissant | la ratatouille | la crêpe au chocolat | le filet mignon |

| les céréales avec du lait | la soupe à la tomate | le pain au chocolat | la baguette avec du fromage |

2

| le petit déjeuner | le déjeuner | le goûter | le dîner |

3

Pour le petit déjeuner, Kenza aime les céréales avec du lait.

Pour le **déjeuner**, Louis aime **la soupe** à la tomate.

Pour le **goûter**, Zoë aime **le croissant**.

Pour le **dîner**, Léo aime **la ratatouille**.

4 *

Pour le petit déjeuner, je mange _____.

Pour **le** déjeuner, je mange _____.

Pour **le** goûter, je bois _____.

Pour **le** dîner, je mange _____.

1

Le matin, Jeanne prend **une** **douche**. Pour le **petit déjeuner**, elle aime **le** **thé** et **le** **croissant**.

2

Léo se lave les **mains**. Pour le **déjeuner**, il aime les **carottes** et **la** **limonade**.

3

Pour le **goûter**, Kenza aime **le** **pain** **au** **chocolat**.

Puis elle se brosse les **cheveux**.

4

Pour le **dîner**, Paul aime **la** **soupe** **à** **la** **tomate** et **la** **baguette**. Puis il se brosse les dents.

5

Bonjour le **cheval**. Tu veux **une** **pomme** ?

Bonjour **le** **cochon**. Tu veux **un** **radis** ?

Bonjour **la** **poule**. Tu veux **une** **poire** ?

1

Bon anniversaire, Victor ! Voilà un ballon de foot.
Merci maman.

Joyeux anniversaire, Victor ! Voilà une voiture jouet.
Merci.

Joyeux anniversaire, Victor ! Voilà un livre.
Merci.

Bon anniversaire, Victor ! Voilà un train.
Merci.

Bon anniversaire, Victor ! Voilà un cerf-volant.
Merci.
Oh non ! Je voulais un skateboard !

Bon anniversaire, Victor ! Voilà mon cadeau.
Merci !! Tu es le meilleur papa du monde !

2

La maman de Victor lui donne un **b a l l o n d e f o o t**.

Jeanne et Léo lui donnent une **v o i t u r e j o u e t**.

Louis et Kenza lui donnent un **l i v r e**.

Karim et Noémie lui donnent un **t r a i n**.

Zoë lui donne un **c e r f - v o l a n t**.

Le cadeau préféré de Victor est un **s k a t e b o a r d**.

1

| la peluche | la poupée |
| la trottinette | |

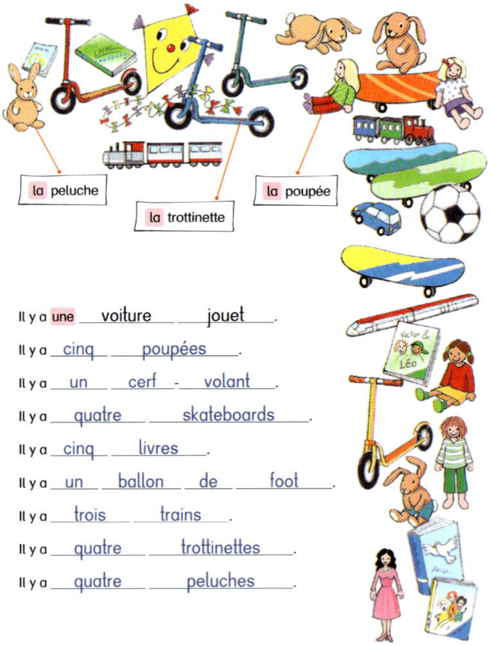

Il y a **une** **voiture** **jouet**.

Il y a **cinq** **poupées**.

Il y a **un** **cerf** - **volant**.

Il y a **quatre** **skateboards**.

Il y a **cinq** **livres**.

Il y a **un** **ballon** **de** **foot**.

Il y a **trois** **trains**.

Il y a **quatre** **trottinettes**.

Il y a **quatre** **peluches**.

Où est Jeanne ?

1.

la balançoire

le toboggan

le manège

le banc

le bac à sable

la bascule

2.

Jeanne est dans __le__ __bac__ __à__ __sable__ .

Léo et Karim sont sur __la__ __bascule__ .

Kenza est sur __la__ __balançoire__ .

Zoë est sur __le__ __toboggan__ . Elle a __une__ __peluche__ .

Victor est sur __le__ __manège__ . Il a un __livre__ .

Julien est sur __le__ __banc__ . Il a __une__ __trottinette__ .

Qu'est-ce que c'est ?

1.

2.

1. __La__ robe de __la__ poupée est rouge.
2. __La__ peluche est rose. Son nez est violet.
3. Il y a trois voitures jouets marrons.
4. __Le__ cerf-volant est vert, noir et bleu.
5. Il y a quatre ballons de foot.
6. __La__ trottinette est jaune.
7. __La__ balançoire est rouge et jaune.
8. __Le__ toboggan est orange et gris.
9. Il y a __un__ skateboard bleu dans __le__ bac à sable.
10. Il y a __un__ livre sur __le__ manège.

Qui est-ce ?

1.

2.

① C'est __la__ mère de __Jeanne__ et __Léo__ .

② C'est le père de __Noémie__ .

③ C'est __la__ sœur de __Zoë__ .

④ C'est le frère de __Louis__ .

⑤ C'est __la__ grand-mère de __Kenza__ .

⑥ C'est le grand-père de __Victor__ .

Tu connais la famille de Jeanne ?

1.

2.

Léo est __le__ __frère__ de Jeanne.

Camille est __la__ __sœur__ de Jeanne.

Claire est __la__ __mère__ de Jeanne.

François est __le__ __père__ de Jeanne.

Maud est __la__ __grand__ - __mère__ de Jeanne.

Pierre est __le__ __grand__ - __père__ de Jeanne.

3. *

Tu as des frères et des sœurs ? J'ai _____ frère(s) et _____ sœur(s).

Das Übungsheft Französisch 3 – Lösungen (Seite 64)

Champion de français 6

1 Il y a …

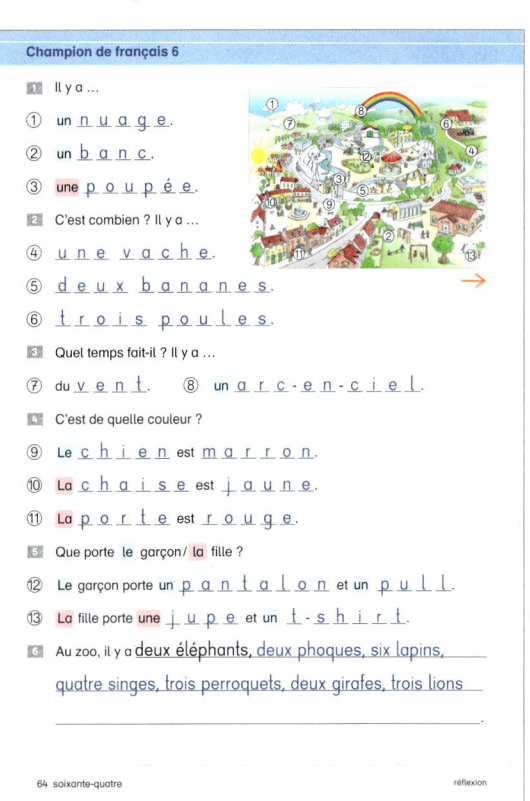

① un n u a g e.

② un b a n c.

③ une p o u p é e.

2 C'est combien ? Il y a …

④ u n e   v a c h e.

⑤ d e u x   b a n a n e s.

⑥ t r o i s   p o u l e s.

3 Quel temps fait-il ? Il y a …

⑦ du v e n t.   ⑧ un a r c - e n - c i e l.

4 C'est de quelle couleur ?

⑨ Le c h i e n est m a r r o n.

⑩ La c h a i s e est j a u n e.

⑪ La p o r t e est r o u g e.

5 Que porte le garçon / la fille ?

⑫ Le garçon porte un p a n t a l o n et un p u l l.

⑬ La fille porte une j u p e et un t - s h i r t.

6 Au zoo, il y a deux éléphants, deux phoques, six lapins,

quatre singes, trois perroquets, deux girafes, trois lions

Les animaux de la ferme

le chat

le coq

la vache

le chien

l' âne

la chèvre

l' oie

la poule

le cheval

le cochon

le mouton

Mon corps – Dans la salle de bain

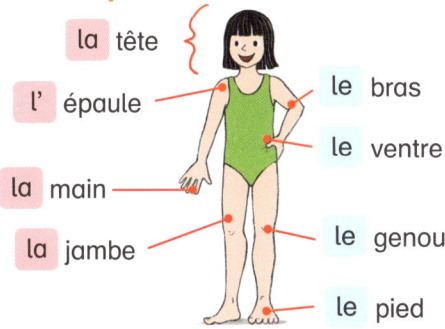

la tête

l' épaule

la main

la jambe

le bras

le ventre

le genou

le pied

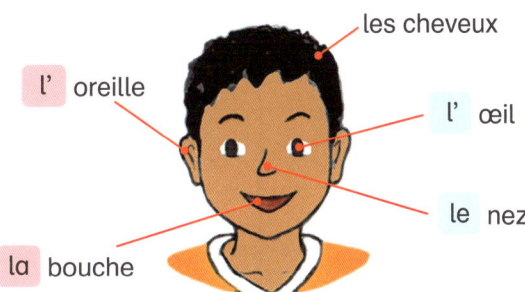

les cheveux

l' oreille

l' œil

le nez

la bouche

la baignoire

le peigne

la brosse à cheveux

le miroir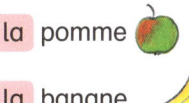

le shampoing

la douche

le savon

la brosse à dents

le dentifrice

la serviette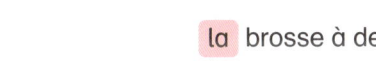

Les fruits – Les légumes

la pomme

la banane

la cerise

l' orange

la pêche

la poire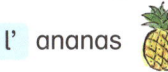

l' ananas

le melon

l' aubergine

le haricot

la carotte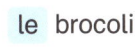

le brocoli

le concombre

le poireau

la salade

l' oignon

les petits pois

la pomme de terre

le radis

la tomate

Les repas – Les boissons

la baguette

le beurre

le fromage

les céréales

le miel

la confiture

le sucre

le croissant

le café

le chocolat chaud

la grenadine

la limonade

le lait

l' eau minérale

le jus d'orange

le thé

le pain au chocolat

la soupe à la tomate

le filet mignon

la ratatouille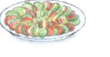

la crêpe au chocolat

le petit déjeuner

le déjeuner

le goûter

le dîner

Les jouets – Ma famille

la poupée

le ballon de foot

le cerf-volant

la trottinette

le skateboard

la peluche

la voiture jouet

le banc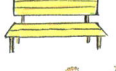

le manège

le bac à sable

la bascule

le toboggan

la balançoire

la grand-mère

la mère

la sœur

le frère

le père

le grand-père

Champion de français 1

Champion de français 2

Champion de français 3

Champion de français 4

Champion de français 5

Champion de français 6

Tu peux utiliser ces stickers ronds comme tu veux.

Ce cahier appartient à:

Das Übungsheft Deutsch 3

Rechtschreib- und Grammatiktraining

64 S., vierf., Gh, 17 x 24 cm, mit Stickerbogen und Lösungsheft

Bestell-Nr. 3401-70

Das Übungsheft Rechtschreiben 3

Methodentraining und Diktate

64 S., vierf., Gh, 17 x 24 cm, mit Stickerbogen, Lösungsheft und Diktattexten

Bestell-Nr. 3401-71

Das Übungsheft Lesen 3

Lesetraining und Leseverständnis

64 S., vierf., Gh, 17 x 24 cm, mit Stickerbogen und Lösungsheft

Bestell-Nr. 3401-72

Das Übungsheft Mathematik 3

Denk- und Rechentraining

84 S., vierf., Gh, 14,8 x 22 cm (größer als DIN A5), mit Lösungsheft (20 S., vierf.) und Stickerbogen

Bestell-Nr. 3504-54

Das Übungsheft Sachrechnen 3

Mathematische Kompetenzen gezielt trainieren und festigen

48 S., mit Lösungsheft (12 S.), vierf., Gh, DIN-A4-Format, mit Stickerbogen

Bestell-Nr. 3504-53

Das Übungsheft Geometrie 3

Mathematische Kompetenzen gezielt trainieren und festigen

48 S., mit Lösungsheft (12 S.), vierf., Gh, DIN-A4-Format, mit Stickerbogen und Beilagen

Bestell-Nr. 3504-51

Das Übungsheft Englisch 3

Let's practise English mit Audio-CD „Jicki Vokabel-Dusche 3"

64 S., Gh, 17 x 24 cm, vierf., mit Kartonbeilage, Stickerbogen und Lösungsheft, mit Audio-CD „Jicki Vokabel-Dusche 3"

Bestell-Nr. 1904-37

Das Übungsheft Musik 3/4

Noten, Instrumente, Komponisten

64 S., vierf., Gh, 17 x 24 cm, mit Stickerbogen, Lösungsheft (16 S.) und Audio-CD

Bestell-Nr. 3702-89

> **Es gibt viele weitere Übungshefte:**
> **www.mildenberger-verlag.de/783**

1

Léo

des chaussettes rouges

un pantalon orange

un pull bleu

des gants violets

un bonnet vert

une écharpe jaune

un anorak noir

deux t-shirts grises

2

vêtements, couleurs
dialogue : « Quels vêtements sont dans la valise de Léo ? »

Tu trouves les vêtements ?

1

Léo, mets le pull, _____ _____,

_____ _____, _____ _____,

les _____ et les _____ !

Jeanne, enlève _____ écharpe, _____ _____,

_____ _____, _____ _____,

les _____ et les _____ !

2

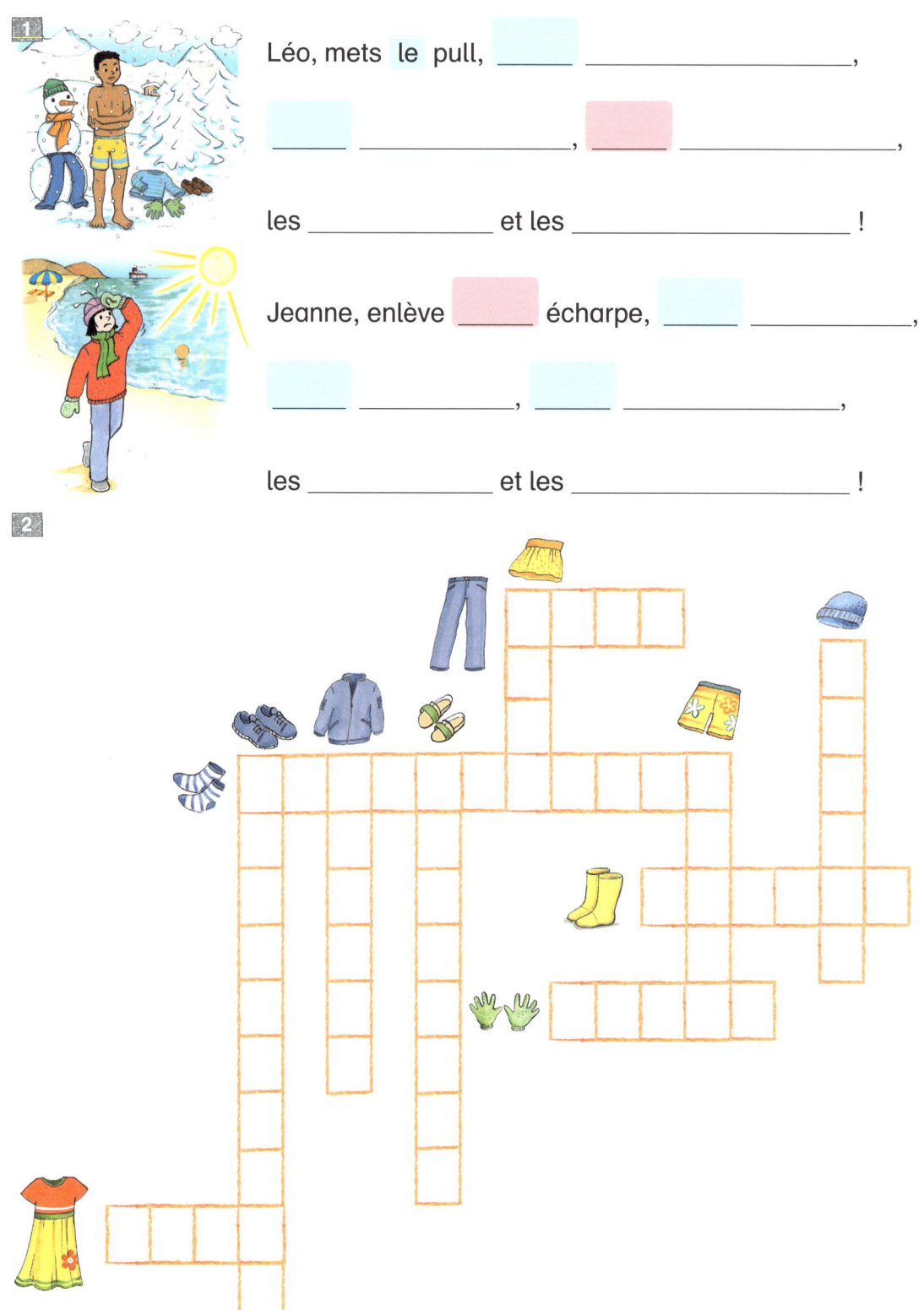

1

2

  Il pleut.

 Il y a des __ __ __ __ __ __.

 Il __ __ __ __ __.

 un __ __ __ – __ __ – __ __ __ __

 Il y a du __ __ __ __.

 Le soleil __ __ __ __ __ __.

Quel temps fait-il ?

1

Il __ l __ __ t __.
    8

Il n __ __ __ g __.
   7

Le __ o __ __ i __ brille.
    9 4

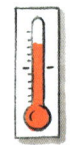

Il fait __ h __ __ __ d.
    3

Il fait __ __ o i __.
     2

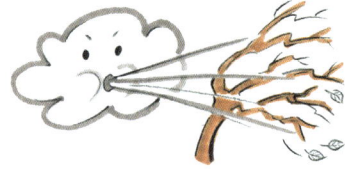

Il y a du v __ __ __.
      5

Il y a des __ __ __ g __ __.
       1

| soleil | chaud | nuages | neige |
| froid | vent | pleut | |

2

un [1][2][3] – [4][5] – [6 c][7][8][9]

météo
travail à deux

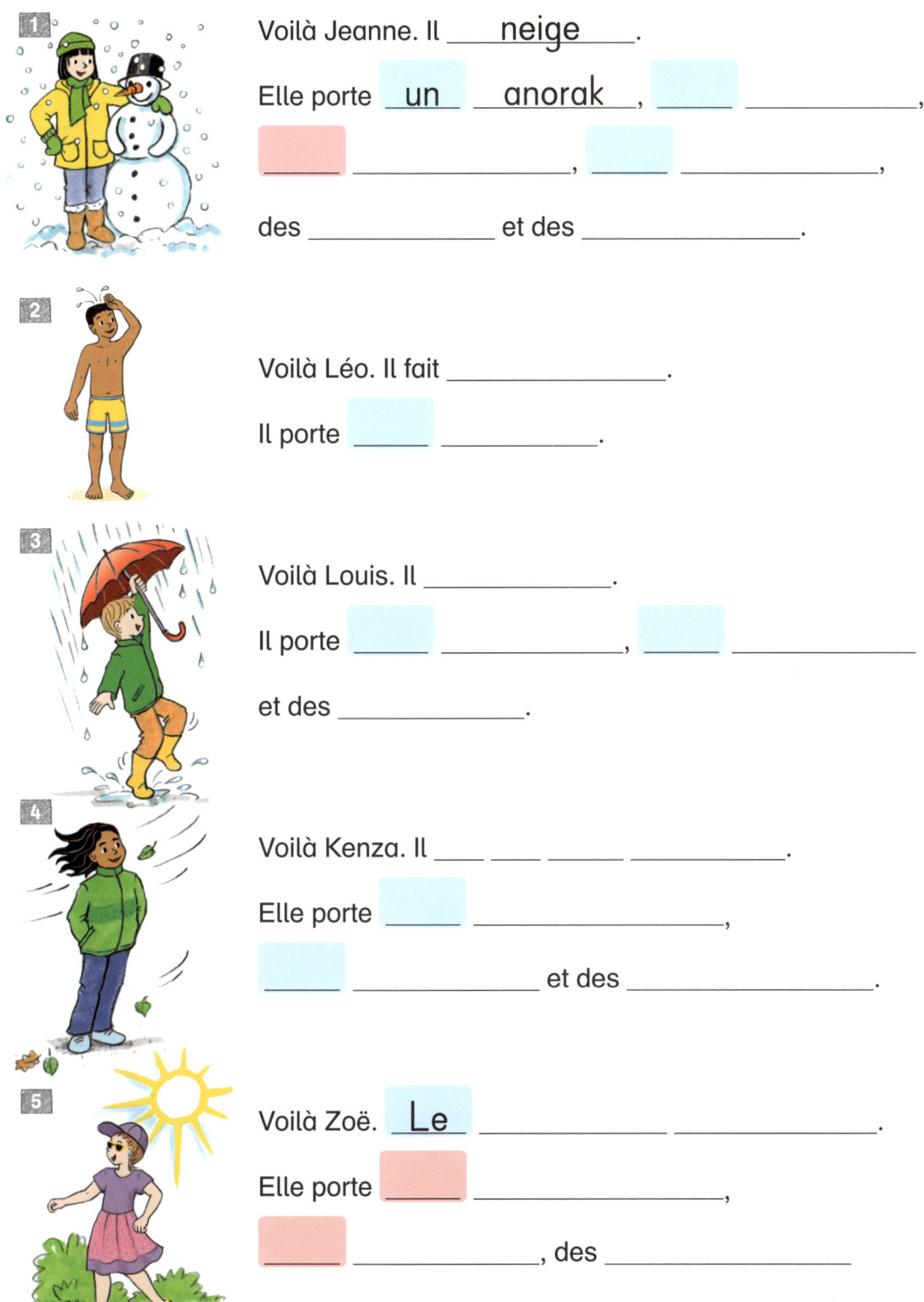

1 Voilà Jeanne. Il _____ neige _____.

Elle porte _____ un _____ anorak _____, _____ _____,

_____ _____, _____ _____,

des _____ et des _____.

2 Voilà Léo. Il fait _____.

Il porte _____ _____.

3 Voilà Louis. Il _____.

Il porte _____ _____, _____ _____

et des _____.

4 Voilà Kenza. Il ____ ____ _____ _____.

Elle porte _____ _____,

_____ _____ et des _____.

5 Voilà Zoë. _____ Le _____ _____ _____.

Elle porte _____ _____,

_____ _____, des _____

et des _____ _____ _____.

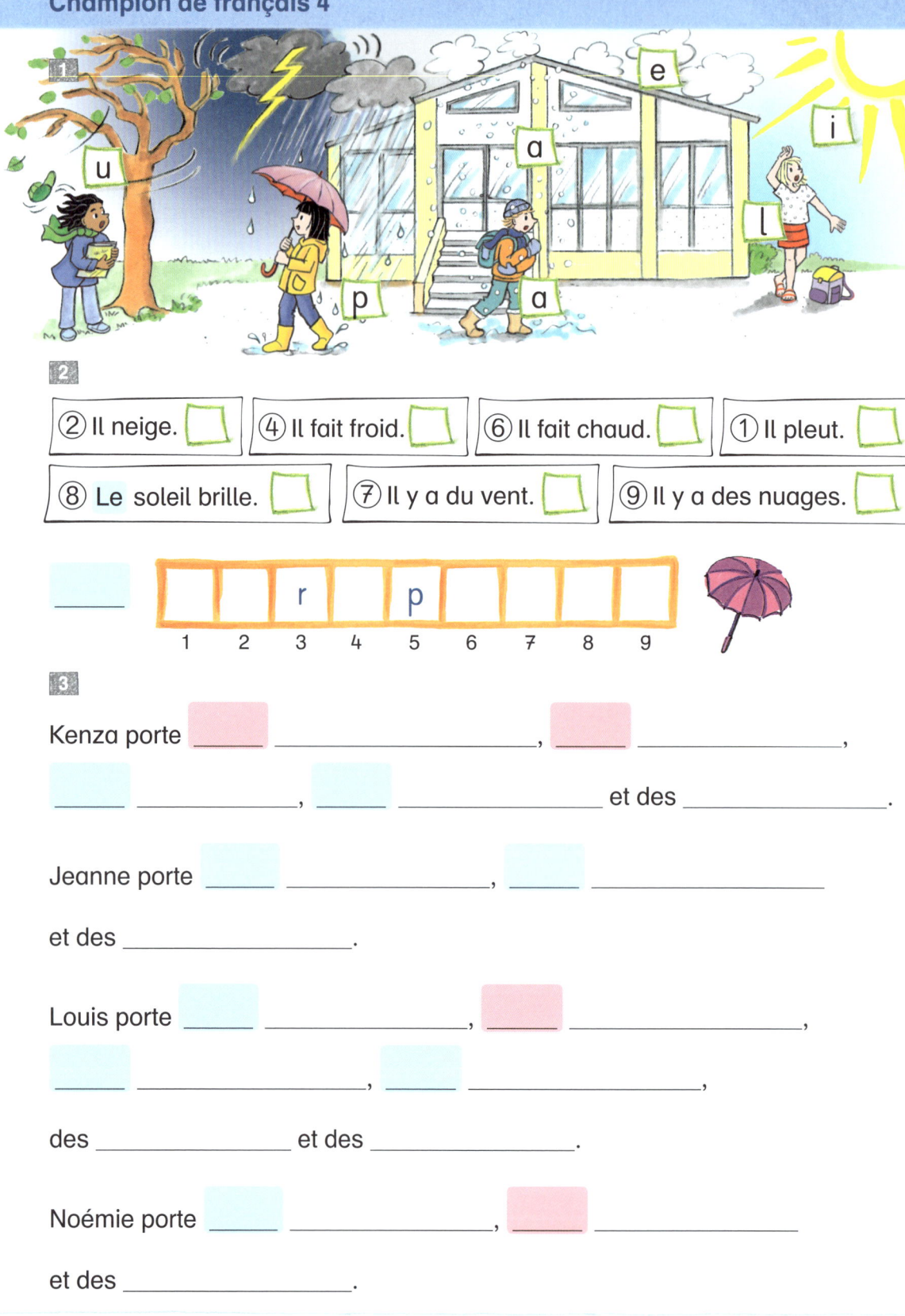

2

2 Il neige. ☐   4 Il fait froid. ☐   6 Il fait chaud. ☐   1 Il pleut. ☐

8 Le soleil brille. ☐   7 Il y a du vent. ☐   9 Il y a des nuages. ☐

___			r		p				
	1	2	3	4	5	6	7	8	9

3

Kenza porte ☐ _____, ☐ _____,

☐ _____, ☐ _____ et des _____.

Jeanne porte ☐ _____, ☐ _____

et des _____.

Louis porte ☐ _____, ☐ _____,

☐ _____, ☐ _____,

des _____ et des _____.

Noémie porte ☐ _____, ☐ _____

et des _____.

1

un ___mouton___ | deux ___moutons___

un ___coq___ | deux _____

un ___cochon___ | deux _____

⚠ un ___cheval___ | deux ___chevaux___

2

la poule

l' oie

Il y a _____ coqs, _____ poules et _____ oies.

3

l' oie

le chat

la _____

le _____

le _____

l' _____

le _____

la _____

la _____

le _____

le _____

le _____

animaux de la ferme, singulier / pluriel
dialogue : « A la ferme, il y a ... »

1

L' âne est gris.

Les cochons sont roses.

Le chat est blanc, gris et noir.

Les moutons sont blancs et noirs.

La vache est blanche et noire.

La chèvre est marron.

Les poules sont blanches et noires.

Le coq est rouge, marron et jaune.

Le cheval est marron.

Les oies sont blanches.

Le chien est blanc, marron et noir.

2

animaux de la ferme, couleurs
travail à deux

1

miaou ! miaou !

cocorico !

wouf ! wouf !

bê ! bê !

hiii ! hiii !

cot ! cot !

hi-han !

groin ! groin !

meuh ! meuh !

coin ! coin !

2

Le ___chat___ fait _____« miaou ! miaou ! »_____.

Le chien fait _____.

La vache fait _____.

Le coq fait _____.

_____ _____ fait _____.

_____ fait _____.

animaux de la ferme
dialogue : « Comment fait le chat ? »

1

Mon animal préféré est grand. Il fait « hiii ! ».

Mon animal préféré est grand aussi. Il donne du lait. Il est blanc, marron ou noir.

Mon animal préféré a de grandes oreilles. Il est gris et il fait « hi-han ! ».

Mon animal préféré fait « groin ! ». Il est rose.

Mon animal préféré est rouge, marron, vert et jaune et il fait « cocorico ! ».

Mon animal préféré est blanc, marron ou noir et il fait « bê ! ».

2

L' animal préféré de Jeanne est le ___cheval___.

L' animal préféré de Léo est _____ _____.

L' animal _____ de Kenza est _____ _____.

L' animal _____ de Karim est _____ _____.

L' _____ _____ de Zoë est _____ _____.

_____ _____ _____ ____ Julien _____ _____ _____.

3

Mon animal préféré est _____. Il / Elle fait _____.

tête
épaules
genoux
yeux
oreilles
pieds
bouche
nez
tête, épaules, genoux et pieds

_____ ①, _____ ⑩, _____ ⑥

et _____ ⑪, _____ ⑥ et _____ ⑪, j'ai deux _____ ⑫,

deux _____ ⑧, une _____ ② et un _____ ⑲,

_____ ①, _____ ⑩, _____ ⑥

et _____ ⑪, _____ ⑥ et _____ ⑪.

parties du corps
en classe : chanson

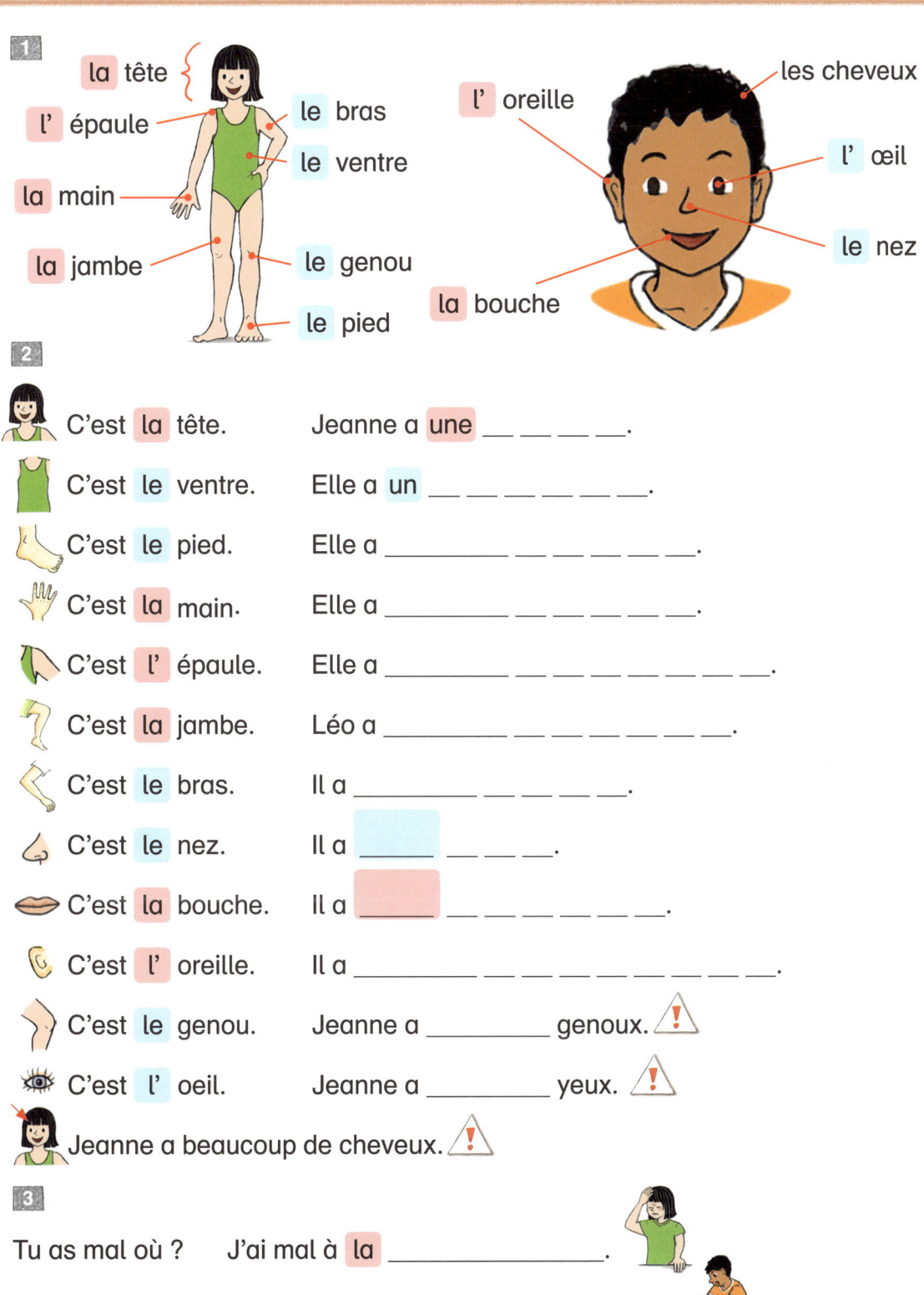

1

la tête
l' épaule
la main
la jambe
le bras
le ventre
le genou
le pied

les cheveux
l' oreille
l' œil
le nez
la bouche

2

C'est la tête. Jeanne a une __ __ __ __.

C'est le ventre. Elle a un __ __ __ __ __ __.

C'est le pied. Elle a _____ __ __ __ __.

C'est la main. Elle a _____ __ __ __ __.

C'est l' épaule. Elle a _____ __ __ __ __ __ __.

C'est la jambe. Léo a _____ __ __ __ __ __.

C'est le bras. Il a _____ __ __ __.

C'est le nez. Il a _____ __ __ __.

C'est la bouche. Il a _____ __ __ __ __ __.

C'est l' oreille. Il a _____ __ __ __ __ __ __ __.

C'est le genou. Jeanne a _____ genoux. ⚠

C'est l' oeil. Jeanne a _____ yeux. ⚠

Jeanne a beaucoup de cheveux. ⚠

3

Tu as mal où ? J'ai mal à la _____.

Tu as mal où ? J'ai mal au _____.

1

deux

huit

dix

six

un

trois

quatre

neuf

cinq

sept

2

① Le savon est _____ violet _____.

② Le miroir est _____.

③ La serviette est _____.

④ La brosse à cheveux est _____.

⑤ La douche est _____.

⑥ Le dentifrice est _____.

⑦ La baignoire est _____.

⑧ Le peigne est _____.

⑨ Le shampoing est _____.

⑩ La brosse à dents est _____.

salle de bain, nombres, couleurs
dictée en ping-pong

1

Jeanne se lave les mains avec du

— — — — —.

Léo se lave le corps sous la

— — — — — —.

Noémie se brosse les dents avec une

— — — — — — — — — — — — et avec du

— — — — — — — — — —.

Kenza se brosse les cheveux avec une

— — — — — — — — — — — — — — — —.

Victor se lave les cheveux avec du

— — — — — — — — —.

Karim se lave les jambes dans la

— — — — — — — — —.

Louis se regarde dans le

— — — — — —.

Julien se peigne les cheveux avec un

— — — — — —.

Zoë s'essuie le visage avec une

— — — — — — —.

1

rond ← long →   sucré   juteux   poilu

2   ① C'est grand et rond. C'est juteux et vert.

C'est __le__ __melon__. •

|u|
• une pêche

② C'est petit et rouge.

C'est ____ _____. •

|t|
• une pomme

③ C'est rouge et jaune et poilu.

C'est ____ _____. •

|f|
• un melon

④ C'est long et jaune et sucré.

C'est ____ _____. •

|r|
• une cerise

⑤ C'est rond. C'est vert, jaune et rouge.

C'est ____ _____. •

| i|
• une banane

les | | | | | | s |
1 2 3 4 5 6

3

rond: une __pomme__, un _____, une _____, une _____

long: une _____   sucré: une _____, une _____

juteux: un _____, une _____, un _____,

une _____, une _____

poilu: une _____

1

Voilà les fruits !

trois bananes

1

le brocoli

la salade verte

l' aubergine

le poireau

le concombre

les petits pois

la salade

l' oignon

le radis

la pomme de terre

la carotte

la tomate

le haricot

la soupe

2

la salade: _____ _____, _____ _____,

_____ _____, _____ _____ _____,

_____ _____, l' _____

la soupe: _____ _____, _____ _____,

l' _____, _____ _____ _____,

_____ _____, les _____ _____

Qu'est-ce que tu aimes ?

1

un ___haricot___   deux ___haricots___

un ___oignon___   deux ___oignons___

un _____   deux _____

⚠ un ___radis___   deux ___radis___

2

Jeanne aime les ___tomates___ et les _____.

Elle n'aime pas les _____ et les _____ _____.

Léo aime les _____ et les _____.

Il n'aime pas les _____ et les _____.

3

J'aime les _____.

Je n'aime pas les _____.

légumes, singulier / pluriel, aime / n'aime pas

1

le beurre

le miel

le lait

le croissant

les céréales

la confiture

le sucre

la baguette

2

le _ _ _ _
6

le _ _ _ _
1

le _ _ _ _ _ _
2 11

la _ _ _ _ _ _ _
7

les _ _ _ _ _ _ _
9 4

la _ _ _ _ _ _ _ _
5 14

le _ _ _ _ _
12

le _ _ _ _ _ _ _
15 13

1	2	p					d		j					
1	2	3	4	5	6	7	8	9	10	11	12	13	14	15

Qu'est-ce qu'il / elle aime ?

1

2

Jeanne aime la _____, _____ _____ et _____ _____.

Paul aime les _____, _____ _____ et _____ _____.

Louis aime _____ _____ et _____ _____.

3

Est-ce que tu peux me donner _____, s'il te plaît !

petit déjeuner
dialogue : « Quel petit déjeuner aime Jeanne ? »

1

la grenadine

le thé

le café

la limonade

l' eau minérale

le lait

le chocolat chaud

le jus d'orange

2

Jeanne aime le ___thé___.

L' homme aime _____ _____.

Louis aime _____ _____.

Zoë _____ le _____.

Karim _____ _____ _____.

La femme aime _____ _____.

Léo aime _____ _____

Noémie aime _____ _____

_____.

_____.

3

J'ai soif. J'aime _____.

C'est quel repas ?

1

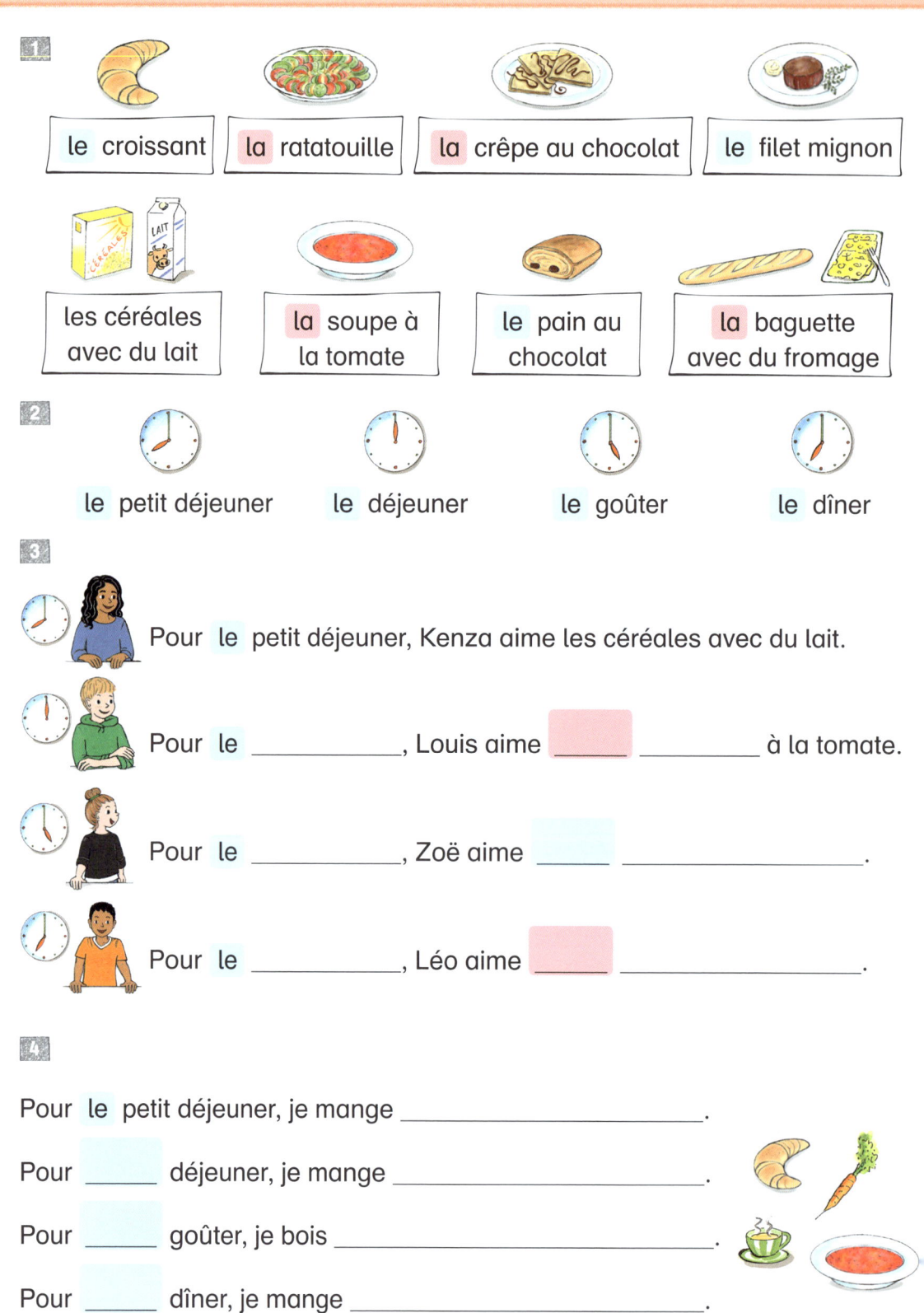

le croissant | la ratatouille | la crêpe au chocolat | le filet mignon

les céréales avec du lait | la soupe à la tomate | le pain au chocolat | la baguette avec du fromage

2

le petit déjeuner   le déjeuner   le goûter   le dîner

3

Pour le petit déjeuner, Kenza aime les céréales avec du lait.

Pour le _____, Louis aime _____ _____ à la tomate.

Pour le _____, Zoë aime _____ _____.

Pour le _____, Léo aime _____ _____.

4

Pour le petit déjeuner, je mange _____.

Pour _____ déjeuner, je mange _____.

Pour _____ goûter, je bois _____.

Pour _____ dîner, je mange _____.

repas
dialogue : « Qu'est-ce que tu aimes pour … ? »

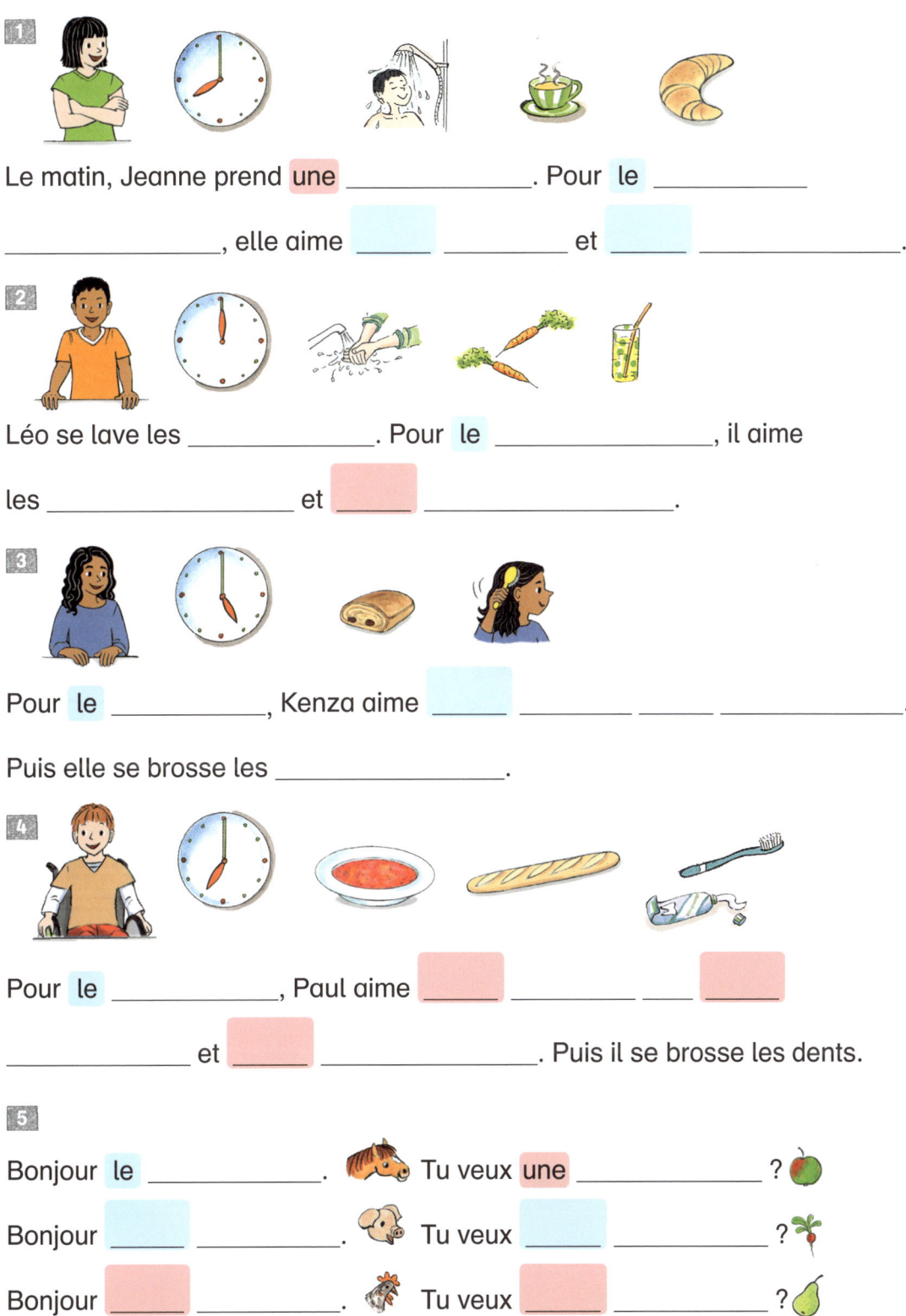

1 Le matin, Jeanne prend une _____. Pour le _____

_____, elle aime _____ _____ et _____ _____.

2 Léo se lave les _____. Pour le _____, il aime

les _____ et _____ _____.

3 Pour le _____, Kenza aime _____ _____ _____ _____.

Puis elle se brosse les _____.

4 Pour le _____, Paul aime _____ _____ ___ _____

_____ et _____ _____. Puis il se brosse les dents.

5

Bonjour le _____. Tu veux une _____ ?

Bonjour _____ _____. Tu veux _____ _____ ?

Bonjour _____ _____. Tu veux _____ _____ ?

1

Bon anniversaire, Victor !
Voilà un ballon de foot.

Merci maman.

Joyeux anniversaire, Victor !
Voilà une voiture jouet.

Merci.

Joyeux anniversaire, Victor !
Voilà un livre.

Merci.

Bon anniversaire, Victor !
Voilà un train.

Merci.

Bon anniversaire, Victor !
Voilà un cerf-volant.

Merci.

Oh non !
Je voulais
un skate-
board !

Bon anniversaire, Victor !
Voilà mon cadeau.

Merci !! Tu es
le meilleur papa
du monde !

2

La maman de Victor lui donne un __ __ __ __ __ __ __ __ __ __ __ __ __ __.

Jeanne et Léo lui donnent une __ __ __ __ __ __ __ __ __ __ __ __.

Louis et Kenza lui donnent un __ __ __ __ __.

Karim et Noémie lui donnent un __ __ __ __ __.

Zoë lui donne un __ __ __ __-__ __ __ __ __ __.

Le cadeau préféré de Victor est un __ __ __ __ __ __ __ __ __ __ __.

1

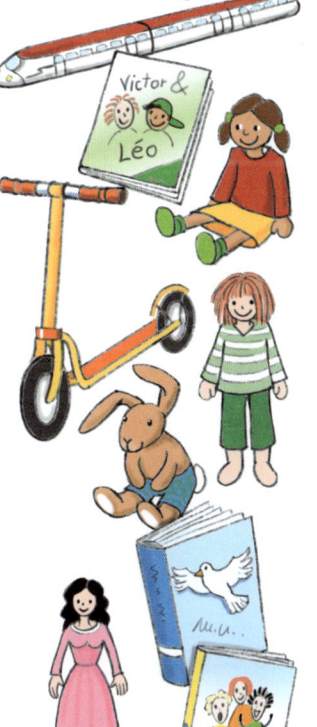

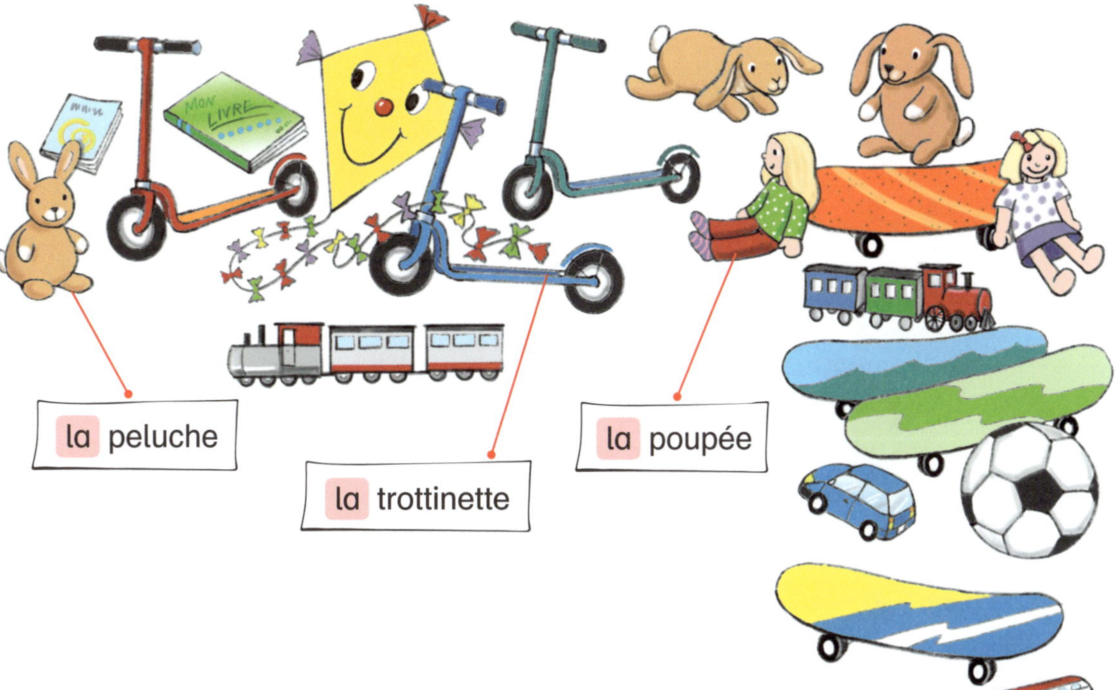
MON LIVRE
la peluche
la trottinette
la poupée

Il y a une voiture jouet.

Il y a ________ ______________________.

Il y a ________ __________-_______________.

Il y a ______________ _________________________.

Il y a ________ ______________.

Il y a _______ ____________ _________ ______________.

Il y a ____________ ______________.

Il y a ______________ ______________________.

Il y a ______________ ______________________.

Victor &
Léo

jouets
dialogue : « Il y a combien de peluches ? » « Il y a … »

1

le toboggan

la balançoire

le manège

le bac à sable

la bascule

le ba

2

Jeanne est dans _____ _____ ___ _____.

Léo et Karim sont sur _____ _____.

Kenza est sur _____ _____.

Zoë est sur _____ _____. Elle a une _____.

Victor est sur _____ _____. Il a un _____.

Julien est sur _____ _____. Il a une _____.

1

2

1. **La** robe de **la** poupée est rouge.

2. **La** peluche est rose. Son nez est violet.

3. Il y a trois voitures jouets marrons.

4. **Le** cerf-volant est vert, noir et bleu.

5. Il y a quatre ballons de foot.

6. **La** trottinette est jaune.

7. **La** balançoire est rouge et jaune.

8. **Le** toboggan est orange et gris.

9. Il y a **un** skateboard bleu dans **le** bac à sable.

10. Il y a **un** livre sur **le** manège.

1

2

① C'est la mère de ____Jeanne____ et ____Léo____.

② C'est le père de _____.

③ C'est la sœur de _____.

④ C'est le frère de _____.

⑤ C'est la grand-mère de _____.

⑥ C'est le grand-père de _____.

1

2

Léo est _____ _____ de Jeanne.

Camille est _____ _____ de Jeanne.

Claire est _____ _____ de Jeanne.

François est _____ _____ de Jeanne.

Maud est _____ _____-_____ de Jeanne.

Pierre est _____ _____-_____ de Jeanne.

3

Tu as des frères et des sœurs ? J'ai _____ frère(s) et _____ sœur(s).

1 Il y a …

① un __ __ __ __ __.

② un __ __ __ __.

③ une __ __ __ __ __ __.

2 C'est combien ? Il y a …

④ __ __ __ __   __ __ __ __ __.

⑤ __ __ __ __   __ __ __ __ __ __ __.

⑥ __ __ __ __ __   __ __ __ __ __ __.

3 Quel temps fait-il ? Il y a …

⑦ du __ __ __ __.   ⑧ un __ __ __ - __ __ - __ __ __ __.

4 C'est de quelle couleur ?

⑨ Le __ __ __ __ __ __ est __ __ __ __ __ __ __.

⑩ La __ __ __ __ __ __ __ est __ __ __ __ __ __.

⑪ La __ __ __ __ __ __ est __ __ __ __ __ __.

5 Que porte le garçon/ la fille ?

⑫ Le garçon porte un __ __ __ __ __ __ __ __ et un __ __ __ __ __.

⑬ La fille porte une __ __ __ __ __ et un __ - __ __ __ __ __ __.

6 Au zoo, il y a deux éléphants, _____

_____

_____.